Karin Hochegger

Blumenwiesen im naturnahen Garten

Inhalt

Die Wiese lebt	4
Schätze unserer Kulturlandschaft	6
Blumenwiesen entstehen	8
Außergewöhnliche Naturerlebnisse	9
Wiesentypen	10
Fettwiese	12
Pflanzen der Fettwiese	14
Feuchtwiese	20
Pflanzen der Feuchtwiese	22
Magerwiese	28
Pflanzen der Magerwiese	30
Besondere Wiesentypen	36
Blumenwiesen im Garten	38
Planung und Anlage	40
Bodentypen	42
Auswahl des richtigen Saatguts	46
Bodenvorbereitung	49
Aussaat und Pflege nach der Keimung	51
Wiesenmahd	53
Spezielle Wiesentypen anlegen	56
Schmetterlingswiese	58
Frühlingswiese	60
Blumenrasen – eine Alternative	63
Säume und Randbereiche	65
Wiesenpflanzen für die Küche	66
Wildkräutertees	68
Wildkräuterküche	71
Wiesenpflanzen – eine Übersicht	74
Adressen	78
Literaturempfehlungen	80

Vorwort

Mit dem mittlerweile spürbar gewordenen Klimawandel rückt auch das Artensterben immer mehr ins öffentliche Bewusstsein. Das Schwinden von Arten hat negative Auswirkungen auf viele einzelne Teile und ganze Prozesse in Ökosystemen.

Wo die Blumenwiese in unserer Kulturlandschaft als selbstverständlich erscheint, braucht sie doch spezielle ökologische Voraussetzungen und das Wissen um ihre Pflege. Besonders bunt und artenreich geht es im Allgemeinen auf trockenen, nährstoffarmen Standorten zu. Viele Tiere und Pflanzen finden hier ihren Lebensraum. Auch auf Fett- oder Feuchtwiesen stellen sich ganz besondere Arten ein und so haben verschiedene Wiesentypen ganz unterschiedliche Erscheinungsbilder. Allen gemeinsam ist, dass hier etliche Bodentiere und Insekten leben – und damit Kleintiere und Vögel reichlich Futter vorfinden.

Naturgärtner und Naturgärtnerinnen können dem Artenverlust in unserem unmittelbaren Umfeld aktiv entgegenwirken. Ohne chemisch-synthetische Pestizide, Kunstdünger und Torf und mit einer strukturreichen Gartengestaltung leisten sie einen direkten Beitrag zum Umweltschutz. Auch das Einbringen einzelner Pflanzenarten kann den Zuzug einer Vielzahl von Tierarten fördern.

Am einfachsten gelingt dies im Naturgarten mit Hilfe einer vielfältigen Blumenwiese. Diese leistet neben ihrem ökologischen Wert einen wichtigen Beitrag zur Klimaanpassung, bietet Platz zum Träumen und Raum für spannende Naturbeobachtungen.

Wie Sie unterschiedlichste Blumenwiesen anlegen können und welche Pflege sie brauchen, zeigt Ihnen dieses Buch.

Wir wünschen Ihnen bei der Umsetzung viel Freude!

Landeshauptfrau Johanna Mikl-Leitner   Landesrat Martin Eichtinger

Die Wiese lebt

Bunte Wiesen sind ein ganz besonderer Teil unserer mitteleuropäischen Kulturlandschaft. Nicht ohne Grund schmücken ihre Bilder Fremdenverkehrsprospekte und Werbematerial. Nickende Gräser, leuchtende Blütenfarben, das Zirpen von Grillen und Heuschrecken und der Geruch frisch gemähten Heus – all das sind Eindrücke, die uns ansprechen und an friedliche Urlaubstage oder angenehme Kindheitserlebnisse erinnern.

Schätze unserer Kulturlandschaft

Bunte Wiesen gehören inzwischen zu den gefährdeten Kleinoden unserer Kulturlandschaft. Doch nur wenigen Menschen ist bewusst, dass die bunte Vielfalt der Blumenwiesen stark bedroht ist. Viele einheimische Tierarten finden hier allerletzte Refugien und stets kleiner werdende Populationen von Tagfaltern oder Heuschrecken müssen sich auf die letzten extensiven Wiesenflächen zurückziehen.

Neben den bunten Wiesen gibt es nämlich immer mehr grüne Wiesen, die zwar auch einen angenehmen Hintergrund für unsere Urlaubslandschaft bilden, doch für das Überleben seltener Blumen oder bunter Falter ist auf diesen Flächen wenig Platz. Sie werden intensiv bewirtschaftet, drei- bis fünfmal pro Jahr gemäht und stark gedüngt.

Keine bunten Wiesen ohne Landwirtschaft

Jede Förderung einer extensiven Landwirtschaft trägt deshalb auch zum Überleben der bunten Wiesen bei. Diese sind aber sehr oft nur mit großem Arbeitsaufwand zu pflegen. Viele bunte Wiesen gedeihen auf trockenen Steilhängen oder auf feuchten bis nassen Böden, die wenig Futterertrag bringen und teilweise mit der Hand bewirtschaftet werden müssen. Diese Kleinode voller Vielfalt und Leben sind durch viel Schweiß und harte Arbeit über Jahrhunderte entstanden. Es hat sich eine stabile Pflanzengemeinschaft entwickelt und viele Tierarten finden auf diesen Flächen einen idealen Lebensraum. So schön diese für den Naturfreund sind, für den Landwirt bedeuten sie meist nur Mühen und Ärgernisse, manchmal ist allerdings auch ein wenig Freude und Stolz dabei.

Wiesen und Weiden sind wertvolle Elemente unserer Kulturlandschaft.

Wiesen, Weiden und Brachen

WIESEN sind artenreiche Pflanzengemeinschaften mit vielen blühenden, mehrjährigen Pflanzen und Gräsern, die durch jährliche Mahd erhalten werden. Die Mahd ist ein wesentlicher Faktor für das Gedeihen einer Wiese. Ursprünglich sind die Wiesenflächen den Wäldern abgerungen worden. Sie wurden gerodet und die dadurch entstandenen Flächen konnten beweidet und im Laufe der Zeit auch für die Heugewinnung genutzt werden. In der nun offenen und sonnigen Landschaft boten sich neue Lebensmöglichkeiten. Lichtbedürftige Pflanzen und Tiere konnten sich ausbreiten.

Aus diesem jahrhundertelangen Prozess sind die Wiesen unserer Kulturlandschaft hervorgegangen. Wiesen sind jedoch trotz ihrer langen Entstehungszeit und Anpassung an menschliche Bewirtschaftung sensible und leicht zu zerstörende Lebensgemeinschaften. Auch kleine Veränderungen in der Bewirtschaftung können große Auswirkungen haben. Durch Düngeeintrag verschwinden viele empfindliche Tier- und Pflanzenarten. In der Folge breiten sich Gräser und stickstoffliebende Kräuter stärker aus. Die Wiese kann öfter gemäht werden, der Futterertrag steigt, doch der Reichtum an nützlichen Kräutern für die Insektenvielfalt geht verloren. Will man den umgekehrten Weg gehen, dauert es viel länger. Eine überdüngte, artenarme Wiese auszumagern, um eine artenreiche Pflanzengesellschaft zu etablieren, kann bis zu 100 Jahre dauern. Wiesen sind zwar schnell zu zerstören, jedoch nur langsam aufzubauen.

WEIDEN werden hauptsächlich durch das grasende Vieh bewirtschaftet und nicht durch die Mahd. Die vorkommenden Pflanzengesellschaften sind mit denen der Wiese vergleichbar, doch gibt es hier spezielle Pflanzen, die sich vor allem an die Bedingungen von Weideflächen angepasst haben. Je nach Tierart und Pflege können Weiden recht unterschiedlich aussehen: Zwischen niedrigen, rasenartigen und abgeweideten Flächen sind immer wieder Inseln mit hochwachsenden Gräsern und Kräutern eingestreut. Diese mosaikartige Struktur hat mehrere Ursachen. Weidetiere haben auch ihre »kulinarischen Vorlieben«, weshalb giftige oder dornige Pflanzen stehen bleiben. Auch Stellen, auf denen Mist oder Kot liegt, werden gemieden.

BRACHEN werden Wiesen oder Weiden genannt, die nicht mehr genutzt werden. Diese Flächen entwickeln sich langsam wieder zu Buschland und in weiterer Folge zu Wald. Der Artenreichtum geht zurück und sehr oft kann man beobachten, dass einige wenige Arten dominant werden und sich stark ausbreiten. Für einige Jahre bieten Brachen passende Lebensräume für verschiedenste Tierarten. Wenn jedoch der Baumbestand vorherrscht, werden Tagfalter und mit ihnen viele andere Wiesentiere keine geeigneten Futterpflanzen mehr vorfinden.

Die Wiese »erstickt«

Mit der Umwandlung magerer Wiesen in Fettwiesen verschwanden viele Tier- und Pflanzenarten aus unserer Kulturlandschaft. Der Stickstoff wurde zum »Erstickstoff« für die Artenvielfalt. Überschüssige Nährstoffe, die nicht von den Pflanzen verwertet werden können, gelangen in weiterer Folge auch in das Grundwasser.

Ein Wiesenspaziergang spricht viele Sinne an.

Blumenwiesen entstehen

Nachdem in unserer Kulturlandschaft bunte Wiesen zu den bedrohten Lebensräumen zählen, ist es wünschenswert, dass auch in den Gärten immer öfter Blumenwiesen angelegt werden. Wenn schon unser Umland ständig eintöniger wird, sollte es wenigstens im Garten blühen und summen. Doch eines ist dabei stets zu bedenken: Blumenwiesen wurden ursprünglich nicht angelegt. Sie sind im Laufe einer sehr langen Zeit im Zusammenspiel mit einer extensiven Bewirtschaftung und der Anpassung vieler lichthungriger Pflanzenarten an den regelmäßigen Schnitt entstanden.

EINZIGARTIGE PLÄTZE Jede artenreiche Blumenwiese ist etwas ganz Besonderes und es wird keine zwei Flächen geben, die exakt die gleichen Eigenschaften und Arten aufweisen. Die Einzigartigkeit jeder Wiese wird durch Standort, Klima, Region, angrenzende Flächen, Bewirtschaftungsmuster und ihre individuelle Entwicklungsgeschichte geprägt.

Neben der langen Entstehungszeit sind auch die Ausgangsbedingungen ganz wesentlich für die Zusammensetzung der Pflanzen an einem bestimmten Standort. Auf einer steinigen Böschung, die südseitig ausgerichtet ist, kommen andere Pflanzen vor als auf dem tiefgründigen und nährstoffreichen Boden einer Talsenke. In Regionen mit viel Niederschlag sind andere Pflanzen zu Hause als beispielsweise in den sommertrockenen Gebieten im Osten Österreichs.

Natur bewusst wahrnehmen

Wer mit offenen Augen durch die Landschaft geht, erkennt bald, dass keine Wiese der anderen gleicht. Im Verlauf der Vegetationsperiode haben die verschiedenen Wiesentypen ganz unterschiedliche Höhepunkte. Es zahlt sich aus, bei Spaziergängen oder im Urlaub nicht nur den Blick schweifen zu lassen, sondern die einzelnen Pflanzen ganz bewusst wahrzunehmen. Mit der Zeit und einigen guten Naturbüchern wird man die Wiesenpflanzen unterscheiden lernen. Je mehr man über die Pflanzen weiß, desto mehr sieht und erkennt man.

Wiesen sind die letzten Rückzugsgebiete für viele gefährdete Pflanzen und Tierarten.

© Beata Becla/Shutterstock.com

Außergewöhnliche Naturerlebnisse

Eine Wiese bietet viele Möglichkeiten für Naturerlebnisse. Auch wenn es ein schwieriges Unterfangen ist, eine eintönige Grünfläche in eine bunte Vielfalt zu verwandeln – es zahlt sich aus. In den ersten Jahren wird sich die Fläche ständig verändern, dabei gibt es viel zu beobachten und zu erfahren. Mit der richtigen Pflege wird die Wiese dann im Laufe der Zeit langsam immer stabiler.

Auch die Tierwelt stellt sich auf den neuen Lebensraum ein. Heuschrecken zirpen, Tagfalter finden Nahrungspflanzen und Spinnen nützen die Gräser und Kräuter zum Bau ihrer Netze. Nach der letzten Mahd im Herbst ist die bunte Vielfalt der Wiese verschwunden. Der Garten sieht plötzlich ein wenig leer und viel größer aus. Dafür keimen in dieser Zeit schon wieder viele Kräuter und auch die Frühlingsblüher bereiten sich bereits auf ihren Auftritt im kommenden Frühling vor.

Vielfalt und Veränderung

Die Wiese vermittelt uns mit ihren unterschiedlichen Entwicklungsphasen ein Gefühl für die Jahreszeiten. Ganz anders als eine grüne, scheinbar immer gleiche Rasenfläche verwandelt sich die Wiese im Laufe der Vegetationsperiode. Im Frühling schmückt sie sich mit Primeln und anderen Frühlingsblühern.

Der Höhepunkt des Wiesenlebens ist im Frühsommer, wenn die meisten Gräser und Wiesenblumen blühen. Doch auch im Spätsommer wirkt eine Wiese mit den braun werdenden Stängeln der Gräser und den feinen Spinnennetzen, die der morgendliche Tau schmückt, noch lebendig und interessant.

QUIRLIGES LEBEN Heuschrecken gehören zur Wiese ebenso wie Blumen. Wer in seinem Garten eine Wiese angelegt, wird mit der Zeit auch eine weitere Erfahrung machen: Die Wiese ist laut. Der »Gesang« der Feldgrillen und Laubheuschrecken ist ein Charakteristikum der sommerlichen Wiesen. Das Zirpen und Grillen entsteht bei den Laubheuschrecken durch das Aneinanderreiben der Vorderflügel, die Feldheuschrecken reiben die Hinterbeine an den Flügeln. Diese Tiere sind in unserer Kulturlandschaft vor allem auf den Magerwiesen und Trockenrasen zu finden und dementsprechend selten geworden. Wiesengeräusche wie das Zirpen, Summen und Brummen vermitteln uns ein Gefühl von Sommer, Ferien und Lebenslust. Die Wiese lebt und das ist deutlich zu hören.

TIPP Das Mähen und Trocknen des Heus ist auch für Kinder viel interessanter als der monotone Lärm eines Rasenmähers. Eine Wiese vermittelt den Kindern zudem einen lebendigen Bezug zur Landwirtschaft und Arbeit der Bauern. Und was gibt es Schöneres, als nach getaner Arbeit auf einem Berg wohlriechenden Heus eine Jause zu genießen.

Wiesentypen

Um die Vielfalt der Wiesen etwas besser verstehen zu können, werden sie in der Vegetationskunde in verschiedene Pflanzengesellschaften eingeteilt. Für alle, die in ihrem Garten eine Wiese anlegen möchten oder vielleicht schon eine Wiese haben, die sie mit mehr Kräutern und Blumen anreichern möchten, ist es wertvoll, die verschiedenen Wiesentypen mit ihren jeweils speziellen Eigenschaften zu kennen. Es ist dann leichter zu beurteilen, welches Potenzial die eigene Wiese besitzt und wohin sie sich entwickeln könnte.

Für viele Standorte sind vor allem bunte Fettwiesen als Vorbild geeignet. Eine blütenreiche Magerwiese – der Traum jedes Naturgartenfreundes – ist schon etwas schwieriger zu verwirklichen. Feuchtwiesen können bei der Planung von Teichen und Feuchtbiotopen einbezogen werden.

Fettwiese

© Gennady Dunaev/Shutterstock.com

Der Bogen reicht von ausgesprochen intensiv genützten »grünen« Wiesen bis zu extensiveren Typen, die durchaus sehr bunt sein können. Letztere gehören zu den bedrohten Lebensräumen. Durch Bautätigkeit, Umwandlung in Ackerflächen, Intensivierung oder Nutzungsauflassung werden diese Wiesen immer seltener.

Standorte

Fettwiesen entstehen auf tiefgründigen, basenreichen Böden und Standorten mit einer guten Wasser- und Nährstoffversorgung. Das sind die typischen Heuwiesen, die in den Niederungen sowie auf den unteren Hanglagen des Berglandes gedeihen. Bei geringer Düngung und regelmäßigem Schnitt entwickeln sich artenreiche Bestände. Intensive Düngung bewirkt das Gegenteil. Wiesen, die im Frühsommer mit Löwenzahn übersät sind, gehören in diese Kategorie. Nach der Blüte des Löwenzahns, der die Wiese mit seinen gelben Blüten schmückt, erscheinen die Wiesen im saftigen Grün, leider jedoch ohne Wiesenblumen.

Charakteristik

Betrachtet man die Struktur einer bunten Fettwiese genauer, fällt auf, dass sie aus verschiedenen Schichten aufgebaut ist: eine Unterschicht aus Blattrosetten und kriechenden Pflanzen, eine Mittelschicht aus halbhohen Gräsern und Kräutern und eine Oberschicht aus hochwüchsigen Gräsern und Kräutern. Je magerer und trockener die Wiese ist, desto weniger ausgeprägt ist ihre Oberschicht.

Ein typisches Gras der artenreichen Fettwiese ist der Glatthafer, der mit seinen stattlichen 1,2 m zur Oberschicht der Wiese zählt. Er stellt die Charakterart dieses Wiesentyps in den Tallagen dar. Im Gebirge werden die Glatthaferwiesen ab einer Höhe von ca. 600 m von den Goldhaferwiesen abgelöst.

Beide Wiesentypen werden also durch eine Grasart geprägt. Den meisten Menschen erscheint die Bestimmung von Gräsern ein wenig kompliziert. Wenn man aber erst einmal eine Handvoll der wichtigsten Wiesengräser näher betrachtet und sich mit den Merkmalen vertraut gemacht hat, kann man sie mit der Zeit ganz gut unterscheiden.

Die Zahl der Pflanzenarten einer Fettwiese kann stark variieren. Zwanzig bis fünfzig verschiedene Gräser und Kräuter können auf einer Fettwiese wachsen.

Jahreslauf

Im Frühling ist die Glatthaferwiese vor allem grün, von einigen eingestreuten Blüten des Löwenzahns abgesehen. Doch Mitte Mai bis Anfang Juni wird die Wiese richtig bunt: Die blauen Blüten der Wiesen-Glockenblume, der leuchtende gelbe Stern des Wiesen-Bocksbarts und die strahlend weißen Margeriten sowie gelber Hahnenfuß und roter Klee bilden die Mittelschicht. Die gelben Schöpfe des Wiesen-

Pippaus ragen hoch hinaus und auch die blühenden Gräser wie Glatthafer und Knaulgras zählen zur Oberschicht der Wiese. Zwei bis drei Wochen nach der ersten Mahd erscheinen die weißen Doldenblütler und überziehen die Wiese mit ihren weißen Blüten. Bis zur zweiten Mahd wird die Wiese dann wieder etwas bunter, doch meist wird sie nicht mehr so hoch und so dicht wie vor dem ersten Schnitt. Mit den blassroten Blüten der Herbstzeitlosen schmücken sich die feuchten Fettwiesen im Spätjahr. Eine weitere Mahd ist dann aber nicht mehr notwendig.

Verschiedene Ausprägungen

TROCKENE GLATTHAFERWIESE Sie finden sich meist auf südexponierten Hängen mit seichten Böden. Wiesen dieses Typs zählen zu den artenreichsten Pflanzengesellschaften. Charakteristisch ist das Auftreten von Trockenheitszeigern wie Thymian, Wiesen-Salbei, Johanniskraut, Kreuzblume oder Klappertopf.

FEUCHTE FETTWIESE Diese Wiesen bilden meist hochwüchsige, dichte Bestände auf gut mit Wasser versorgten Böden. Dadurch sind sie saftig und sattgrün. Charakteristisch ist bei diesen Wiesen der zartrosa Schleier des Wiesen-Schaumkrauts, der im Frühjahr die ganze Wiese überzieht. Typische Feuchtigkeitszeiger sind weiters Kuckuckslicht-Nelke, Kriechender Hahnenfuß, Wiesen-Knöterich und Kohl-Kratzdistel.

BERGFETTWIESE In den mittleren Gebirgslagen mit kühlen, niederschlagsreichen Sommern gehen die Glatthaferwiesen schrittweise in die Goldhaferwiesen über. Diese sind weniger hochwüchsig, da vor allem die Mittelgräser vorherrschen. Der Goldhafer bringt mit seinen zarten, goldglänzenden Rispen einen warmen Ton in die Farbpalette der Wiese. Frauenmantel, Wiesen-Kümmel, Wald-Storchschnabel, Wiesen-Flockenblume und Wiesen-Pippau sind häufig anzutreffen. In der Kulturlandschaft gehören die verschiedenen Ausprägungen der Glatthaferwiese zu den bedrohten Lebensräumen. Auf den folgenden Seiten finden Sie einige typische Vertreter der bunten Fettwiese näher beschrieben.

Frühlingsgefühle

Besonders schön sind die Bergwiesen im Frühling: Wer einmal in den ersten Frühlingstagen die kleinen Wildkrokusse auf einer Bergwiese sehen kann, der denkt beim ersten Anblick an kleine Elfen, die ihren Frühlingstanz vollführen. Die Blüten leuchten durchsichtig und da sie meist massenhaft auftreten, erscheint die gerade erst ergrünende Wiese plötzlich festlich geschmückt. Das Frühlingsfest dauert allerdings nur ein bis zwei Wochen. Danach ist von dem Zauber nichts mehr zu sehen – bis zum nächsten Jahr.

Krokusse läuten den Frühling ein.

Pflanzen der Fettwiese
Echte Schafgarbe
Achillea millefolium

© Starover Sibiriak/Shutterstock.com

Der Artname *millefolium* weist auf die Blätter der Schafgarbe hin, die fein geschnitten und in sehr viele Zipfel zerteilt sind.

Der Gattungsname *Achillea*, geht auf den griechischen Sagenheld Achill zurück, der die Pflanze zur Wundheilung verwendete – eine Anwendung, die seit der Antike belegt ist und der Schafgarbe auch die Bezeichung »Soldatenkraut« einbrachte.

BOTANIK Die mehrjährige Echte Schafgarbe kann eine Wuchshöhe von bis zu 60 cm erreichen. Im Frühling fallen vor allem die feinen Blätter auf. Wer die Schafgarbe in ein Beet setzt, kann beobachten, wie sich die Pflanze mithilfe von Ausläufern ausbreitet. Der Stängel mit den Blüten erscheint im Sommer. Die Schafgarbe blüht relativ spät und kann daher nur in extensiv genutzten Wiesen zur Blüte gelangen.

Die körbchenförmigen Blütenstände sind weiß, manchmal gibt es Pflanzen mit einem zartrosa Schimmer. Die Blütezeit kann von Juli bis in den Herbst andauern. Die Früchte werden durch vorbeistreifende Tiere verbreitet.

STANDORT Die Echte Schafgarbe wächst vor allem an sonnigen Standorten. Sie bevorzugt nährstoffreiche Böden, kommt aber auch auf mageren zurecht. Sie ist weitverbreitet und häufig auf Wiesen, an Rainen, Wegen und auf Schuttplätzen zu finden. Die Echte Schafgarbe ist anpassungsfähig, nur feuchte Böden behagen ihr nicht.

BESONDERHEITEN Die Schafgarbe ist eine wichtige Heilpflanze, die vor allem in der Frauenheilkunde Anwendung findet.

Der Tee aus den Blättern des Schafgarbenkrauts wirkt ähnlich wie Kamillentee: krampflösend, entzündungslindernd und magenberuhigend. Die heilende Wirkung beruht vor allem auf ätherischen Ölen und Gerbstoffen.

TIPP Im Frühling können die frischen Blätter auch für Salate verwendet werden. Auch zum Färben von Ostereiern eignen sie sich, sie färben gelb bis braun.

Mit getrockneter Schafgarbe lässt sich ein wohlschmeckender Tee herstellen.

© Pavel Rumlena/Shutterstock.com

Wiesen-Bocksbart

Tragopogon pratensis

Der Name des Bocksbarts leitet sich vom Aussehen seines Fruchtstandes ab. Dieser gleicht nämlich, solange er noch geschlossen ist, dem Bart eines Ziegenbocks.

BOTANIK Der Wiesen-Bocksbart gehört mit seinen großen Blüten (8 bis 10 cm) zu den auffälligen Wiesenpflanzen. Die Blüten, die von Mai bis Juli erscheinen, weisen eine Besonderheit auf: Sie sind nur vormittags und nur bei sonnigem Wetter geöffnet. Für viele Menschen sehen sie aus wie riesige Pusteblumen. Der hohle Stängel wird 30 bis 60 cm hoch, die saftigen Pflanzenteile enthalten Milchsaft.

Die Pflanze bildet eine tief in den Boden reichende Pfahlwurzel. Die Früchte sind Schirmchenflieger und hängen an kleinen Fallschirmen. Blüten und Früchte haben für Insekten und Vögel einen großen Wert als Futterpflanze. Bienen, Falter und Schwebfliegen besuchen die Blüten. Distel- und Grünfink naschen von den Früchten.

STANDORT Der Wiesen-Bocksbart ist eine anpassungsfähige Wiesenpflanze, die vor allem auf tiefgründigen, sandigen und lehmigen Böden vorkommt. Die Wiesen dürfen allerdings nicht öfter als zweimal im Jahr gemäht werden. Eine häufigere Mahd verträgt er nicht. Deshalb findet man ihn vor allem auf extensiven Wiesen.

BESONDERHEITEN Sämtliche Teile des Wiesen-Bocksbarts sind essbar. Er ist mit der Schwarzwurzel nahe verwandt. Das süßlich schmeckende Stängelmark kann roh verzehrt, die Wurzel ähnlich wie die Schwarzwurzel zubereitet werden. Die Blätter lassen sich roh oder gekocht als Gemüse verwenden.

Gartenschmuck

Ein Verwandter des Wiesen-Bocksbarts ist die Haferwurzel (*Tragopogon porrifolius*) – eine vergessene Gemüsepflanze, die heute nur noch selten kultiviert wird. Verwendet wird die Wurzel, die einen aromatischen Geschmack besitzt, für Gemüsegerichte und Suppen. Auffallend sind die purpurroten großen Blüten der Haferwurzel – eine Zierde für jeden Gemüsegarten.

Die Haferwurzel ist eine äußerst attraktive Pflanze.

Wiesen-Flockenblume

Centaurea jacea

© Henri Koskinen/Shutterstock.com

Der lateinische Name der Gattung der Flockenblumen geht auf einen griechischen Zentauren zurück. Der deutsche Name »Flockenblume« bezeichnet das flockige Aussehen der Blüten. Die Gattung der Flockenblumen umfasst insgesamt annähernd 500 Arten in Europa und Vorderasien.

BOTANIK Die Wiesen-Flockenblume ist eine formenreich auftretende Staude mit stark verästeltem Wuchs. Der Stängel ist filzig behaart und wird 30 bis 80 cm hoch. Die Pflanze fällt in den Wiesen erst im Sommer auf. Die purpurnen Blüten erscheinen von Juni bis in den Herbst. Die Pflanze hat eine große ökologische Bedeutung, denn sie stellt die Futterpflanze einiger Schmetterlingsarten dar. So sind etwa die Raupen von Flockenblumen-Scheckenfalter, Wegerich-Scheckenfalter und einigen Arten von Widderchen auf der Pflanze zu finden.

Die Blüten werden vor allem von Wildbienen, aber auch von Schmetterlingen, Hummeln und Käfern besucht. Die Samen locken Distel- und Grünfink an.

STANDORT Die Wiesen-Flockenblume kommt sowohl auf feuchteren als auch auf mäßig trockenen Wiesen vor. Sie bevorzugt humose Lehmböden und verträgt eine extensive Bewirtschaftung mit zwei Mahden im Jahr. Sehr oft findet man sie auch an Wegrändern, auf Säumen und auf Böschungen.

BESONDERHEITEN Neben der Wiesen-Flockenblume gibt es noch andere Arten dieser Gattung, die auf Wiesen zu finden sind. Die Skabiosen-Flockenblume (*Centaurea scabiosa*) ist hauptsächlich auf Magerwiesen und sonnigen Säumen zu finden.

Die Berg-Flockenblume (*Centaurea montana*) wird aufgrund ihrer attraktiven dunkelblauen Blüten auch als Zierpflanze kultiviert. Zu den Flockenblumen zählt auch die Kornblume (*Centaurea cyanus*), die als einjähriges Beikraut auf Getreideäckern bekannt ist.

Für den Garten seien empfohlen: *C. bella* mit rosa Blüten für Steingartenanlagen, *C. nigra* mit purpurroten Blüten für Magerwiesen auf Silikatböden und *C. macrocephala* mit gelben Blüten für Säume und Randbereiche.

© Magnus Storhaug Hammer/Shutterstock.com

Die Berg-Flockenblume (*Centaurea montana*) wird auch als Zierpflanze kultiviert.

© akslocum/Shutterstock.com

Wiesen-Margerite
Leucanthemum vulgare

Sie gehören zu den bekanntesten und beliebtesten Wiesenblumen und sind oft in Blumenwiesen-Mischungen für Gärten zu finden. Die Artbezeichnung *vulgare* (= gewöhnliche) bezeichnet das häufige Vorkommen der Pflanze.

BOTANIK Wiesen-Margeriten sind mehrjährige Pflanzen, die eine Wuchshöhe von 30 bis 60 cm erreichen. Die großen weißen Blüten mit der gelben Mitte bieten einen fröhlichen Anblick. Betrachtet man die 4 bis 6 cm großen Blüten genauer, so kann man die weißen Zungenblüten und die goldgelben Röhrenblüten im Zentrum der Blüte unterscheiden.

Nur die Röhrenblüten sind fertil und bilden nach der Bestäubung die Früchte, die als Schirmchenflieger durch den Wind verbreitet werden. Die Blüten erscheinen von Mai bis September. Wer die Margeriten stehen lässt und erst nach dem Aussamen mäht, kann ihre Verbreitung fördern.

STANDORT Die Wiesen-Margerite bevorzugt nährstoffreiche Wiesen und vollsonnige Standorte. Sie besiedelt auch Ruderalstandorte (Schuttplätze, Wegränder) und Äcker und gehört zu den Pionierpflanzen. Sie ist deshalb bei Wiesen-Neueinsaaten relativ leicht zu etablieren.

BESONDERHEITEN Margeriten sind auch als Beetpflanzen sehr beliebt, wobei vor allem großblumige Arten gezüchtet werden. Die Pflanze lässt sich in Wildpflanzengärten gut einsetzen. Die Margerite wird von verschiedenen Insekten besucht. Besonders große Beliebtheit genießt sie bei einer Krabbenspinne, die mit ihrer gelben Farbe im Zentrum der Blüte optimal getarnt ist.

TIPP In der Volksmedizin wurde die Margerite früher bei Erkältungen oder zur Wundheilung eingesetzt – Verwendungen, die heute vor allem der Kamille zugeschrieben werden. Die Margerite ist jedoch deutlich wirkungsärmer als die Kamille.

Margeriten sind in der Blumenwiese immer schön anzusehen.

Wiesen-Pippau
Crepis biennis

© AnRo0002/WikiMedia Commons

Die Artbezeichnung *biennis* (= zweijährig) weist auf den Lebensrhythmus der Pflanze hin. Im ersten Jahr entsteht eine Rosette, die erst im zweiten Jahr einen Blütenschaft entwickelt. Nach der Blüte stirbt die Pflanze ab. Die Entwicklung dieser Schaftpflanze ist an die Mähfrequenz der Wiesen-Bewirtschaftung angepasst.

BOTANIK Der Wiesen-Pippau fällt vor allem in den spät gemähten Wiesen durch seinen hohen, aufrechten Wuchs auf. Die Staude erreicht eine Höhe von 40 bis 120 cm. Die zahlreichen großen, sattgelben Blüten ragen über die meisten anderen Wiesenpflanzen hinaus.

Mit der Zeit wird der dicke Schaft holzig und damit im Heu auch nicht mehr gerne gefressen. Der Wiesen-Pippau ist daher bei Landwirten nicht besonders beliebt. Wildbienen, Tagfalter und Bockkäfer besuchen die Blüten häufig, das Blatt ist für die Larve der Karneule (Nachtschmetterling) eine wichtige Futterpflanze.

TIPP Nach der Blüte entwickeln sich die Samen als Schirmfrüchte. Diese können auch als Vogelfutter verwendet werden.

STANDORT Der Wiesen-Pippau ist eine anpassungsfähige Pflanze, die vor allem auf nährstoffreichen Mähwiesen mit extensiver Bewirtschaftung zu finden ist. Er benötigt humose Lehm- oder Tonböden. Da er vor allem durch späte Mahd gefördert wird, ist er oft an Wegrändern, auf Böschungen oder in Heckensäumen zu finden.

BESONDERHEITEN Der Wiesen-Pippau wird manchmal mit dem stark giftigen Jakobskreuzkraut verwechselt. Das Jakobskreuzkraut ist für Kühe und Pferde giftig, weniger empfindlich sind Ziegen und Schafe. Blüten und junge Pflanzen sind am giftigsten. Die Giftstoffe sind auch in Heu und Silagen wirksam.

Der Wiesen-Pippau blüht von Mitte Mai bis Mitte Juni und damit genau vor dem Jakobskreuzkraut, außerdem sind die Blüten bei genauerem Hinsehen sehr unterschiedlich. Das Jakobskreuzkraut sieht eher wie eine gelbe Margerite aus, während die Blüten des Wiesen-Pippaus dem Löwenzahn ähnlich sind.

Die Blüte des Jakobskreuzkrauts unterscheidet sich bei genauerem Hinsehen deutlich vom Wiesen-Pippau.

© oroch/Shutterstock.com

Wiesen-Storchschnabel

Geranium pratense

Die Familie der Storchschnabelgewächse verdankt ihren Namen den Früchten, die ähnlich einem Storchenschnabel nach dem Verblühen nach unten gebogen sind.

BOTANIK Der Wiesen-Storchschnabel gehört zu den attraktivsten Wiesenpflanzen. Die großen Blüten leuchten in einem intensiven Blau. Betrachtet man sie aus der Nähe, so werden die feinen weißen Zeichnungen der Blütenblätter sichtbar. Vom Storchschnabel gibt es zahlreiche Kulturformen.

Die Staude erreicht eine stattliche Höhe von 30 bis 50 cm. Der aufrechte Stängel ist im oberen Bereich behaart und meist mit großen Blättern, die sieben Lappen aufweisen, besetzt. Die Blütezeit reicht von Mitte Mai bis August.

Die Blüten werden von Bienen bestäubt, nach der Bestäubung krümmen sich die Blütenstiele nach unten. Die Samen werden durch einen Schleudermechanismus verbreitet und keimen erst nach einer Kältebehandlung. Man sollte sie daher am besten im Herbst ausstreuen.

STANDORT Der Wiesen-Storchschnabel bevorzugt frische, nährstoffreiche Böden mit lehmigem bis tonigem Untergrund. Er gedeiht auf Sonnenplätzen und zählt zu den Charakterarten der Fettwiesen, wo er gemeinsam mit Margeriten und Glatthafer den Sommeraspekt der Wiesen dominieren kann.

BESONDERHEITEN Es gibt in der Gattung noch einige Vertreter, die ebenfalls in Wiesen vorkommen. Der Braune Storchschnabel (*Geranium phaeum*) mit dunkelvioletten Blüten eignet sich besonders für schattige Wiesen oder Säume. Der rotviolette Wald-Storchschnabel (*Geranium sylvaticum*) ist vor allem in Berggegenden häufig zu finden.

Die Gattung *Geranium* gewinnt als Bodendecker und Gartenstaude immer mehr an Bedeutung. Dementsprechend gibt es ein großes, fast unübersichtliches Sortiment an Züchtungen für die verschiedensten Standortsituationen. Geranien eignen sich vor allem für flächige Bepflanzungen und bieten mit ihrem dekorativen Laub das ganze Jahr ein schönes Bild.

Die Storchschnabel-Arten (hier *Geranium endressii*) eignen sich als Bodendecker.

Feuchtwiese

© Hajotthu/WikiMedia Commons CC BY3.0

Feuchtwiesen entstehen dort, wo Böden vom Grundwasser beeinflusst oder zeitweise überschwemmt sind – im Bereich von Flusstälern, an Seen oder in Senken. Auch dieser Wiesentyp wurde durch menschliche Nutzung (Mahd und Beweidung) geprägt und ausgedehnt. Da sie nicht gedüngt und oft auch nur einmal im Jahr – im Herbst – gemäht werden, können im Laufe der Zeit stabile Pflanzengemeinschaften entstehen. Das Mähgut wird als Einstreu im Stall verwendet, daher stammt auch der Name »Streuwiese«. Da im Gegensatz zu früher die Einstreu aufgrund der heute üblichen streulosen Stallhaltung kein nützliches Gut mehr darstellt, sind viele Feuchtwiesen von der Nutzungsaufgabe bedroht.

Standorte

Die artenreiche Feuchtwiese ist auf Standorte mit feuchten bis nassen Böden beschränkt. Da diese Flächen meist nur händisch bewirtschaftet werden können, sind Feuchtwiesen aus Sicht der Landwirtschaft sehr arbeitsintensiv. Daher wurden viele dieser Wiesenstandorte durch Trockenlegung, frühe Mahd oder Düngung in Futterflächen umgewandelt. Viele Pflanzen der Feuchtwiese gehören deshalb zu den geschützten Arten, die in Österreich gefährdet sind.

Charakteristik

Das charakteristische Gras der Feuchtwiesen ist das Pfeifengras. Es bildet Horste, die sich im Herbst gelbbraun bis rötlich verfärben. Dies ist auch ein Zeichen, dass sich die Nährstoffe bereits in die Knoten an der Halmbasis zurückgezogen haben. Der knotenlose Halm gehört ebenfalls zu den Besonderheiten des Pfeifengrases. Früher wurde diese Eigenschaft genutzt, um mit dem langen Halm – ohne Verdickungen und Knoten wie bei anderen Gräsern – die Pfeifen zu putzen. Davon leitet sich der deutsche Name »Pfeifengras« ab.

Jahreslauf

Die Entwicklung der Pfeifengraswiese geht langsamer vonstatten als die der anderen Wiesentypen. Schon im Frühjahr heben sich daher die fahlen Feuchtwiesen von den sattgrünen Fettwiesen ab.

Auf den nassen, kalten Böden können sich die Pflanzen erst später entwickeln. Primeln oder Sumpfdotterblumen bilden die ersten Blühaspekte im Mai. Im Juni, wenn alle anderen Wiesen gerade gemäht werden, sind die Pfeifengraswiesen noch niederwüchsig. Dafür blühen dort vereinzelt Orchideen wie die verschiedenen Arten der Knabenkräuter.

Erst im Sommer ist die ganze Artenfülle der Wiese zu sehen: Die blauvioletten Rispen des Pfeifengrases bilden zusammen mit anderen hochwüchsigen Feuchtwiesenpflanzen dichte Bestände. Der Wiesen-Knöterich, der Blutweiderich, der Große Wiesenknopf oder die auffallend cremeweißen Blütenbüschel des Mädesüß sorgen für Farbtupfer. Im Spätsommer fallen die dunkelblauen Blüten des stark gefährdeten Lungenenzians vor dem Hintergrund des rötlich braunen Pfeifengrases auf. Für alle Feuchtwiesen ist eine angepasste Bewirtschaftung besonders wichtig. Wird die Wiese gedüngt und früher gemäht, so verdrängen andere Gräser das spät austreibende Pfeifengras. Orchideen verschwinden und der Artenreichtum geht zurück. Fehlt hingegen jegliche Bewirtschaftung, breiten sich Hochstauden wie das Mädesüß und Großseggen-Arten (Sauergräser) vermehrt aus.

Verschiedene Ausprägungen

KALKREICHE BÖDEN Pfeifengraswiesen bilden auf kalkreichen Böden artenreiche Bestände, wobei auch viele Pflanzenarten dazugehören, die wechselfeuchte Standortbedingungen anzeigen: Zittergras, Wiesenknopf oder Färberscharte beispielsweise können auch mit trockenen Bedingungen zurecht kommen. Auch die seltene Sibirische Schwertlilie oder die zartrosa Mehlprimel kann man auf diesen Wiesen finden.

BODENSAURE STANDORTE Wiesen an bodensauren Standorten sind meist artenarm und werden vor allem vom Pfeifengras dominiert. Bei trockenen Bedingungen wandern auch Pflanzen der Heidevegetation wie das Gewöhnliche Heidekraut ein. Häufig zu finden sind auch Sumpf-Kratzdistel und Sauergräser wie Flatter- oder Knäuelbinsen.

SUMPFWIESEN Können die Arten der Pfeifengraswiesen auch mit wechselfeuchten Bedingungen umgehen und zeitweise Trockenheit ertragen, so sind die Pflanzen der Sumpfwiesen auf nasse Böden mit zeitweiser Überschwemmung angewiesen. Hier herrschen niedrigwüchsige Sauergräser vor.

Verschiedene Orchideen wie das Gefleckte Knabenkraut sowie das Wollgras, dessen Blüte aussieht wie ein Wattebausch, prägen diesen Wiesentyp. Hier finden sich viele seltene und stark gefährdete Pflanzen- und Tierarten.

Auf den folgenden Seiten finden Sie einige typische Vertreter der Feuchtwiese näher beschrieben.

Hochstaudenflur

Werden Feuchtwiesen nicht mehr gemäht, bildet sich mit den Jahren eine immer stärker verfilzte Streuschicht, die das Aufkommen mancher Pflanzen beeinträchtigt. Dafür breiten sich hochwüchsige Kräuter stärker aus. Mädesüß und Gilbweiderich bilden attraktive und blütenreiche Gruppen. Beide Pflanzen sind auch im Sortiment der Staudengärtnereien zu finden. Die leicht giftige Rossminze oder der Beinwell können hier ebenfalls ausgedehnte Bestände bilden. Mit der Zeit werden sich auch Gehölze einfinden und mit dem Aufkommen der ersten Weiden oder Schwarzerlen wachsen die Flächen nach und nach zu. Im Garten werden die Pflanzen der Hochstaudenfluren oft an Teichrändern gepflanzt. Um diese Pflanzgruppen stabil zu halten, ist eine Mahd alle zwei Jahre ausreichend.

Der Gilbweiderich *(Lysimachia punctata)* kann in der Hochstaudenflur Bestände bilden.

Pflanzen der Feuchtwiese
Echter Beinwell
Symphytum officinale

©imageBROKER.com/Shutterstock.com

Der Beinwell verdankt seinen Namen den Beinen, genauer gesagt den Beinknochen, denen er Gutes tun soll. Er wurde in der Volksheilkunde bei Knochenbrüchen und schlecht heilenden Wunden eingesetzt. Auch der wissenschaftliche Name bezieht sich auf diese Eigenschaft (»symphyein« bedeutet im Griechischen Zusammenwachsen).

BOTANIK Der Echte Beinwell ist eine mehrjährige Staude mittlerer Größe. Er entwickelt eine rübenförmig verdickte Wurzel, die sehr tief in den Erdboden reichen kann. Auffallend ist bei einer Berührung die raue und steife Behaarung der Blätter. Damit ist die Zuordnung in die botanische Familie der Raublattgewächse ('Boraginaceae') nahe liegend. Die Blüten, die in ihrer Form länglichen Glocken gleichen, sind lila bis violett. Der Nektar ist nur langrüsseligen Bienen zugänglich, kurzrüsselige Arten versuchen, durch seitliches Anstechen an den Nektar zu gelangen.

STANDORT Der Echte Beinwell bevorzugt nährstoffreiche frische bis feuchte Lehmböden. Man findet ihn auf feuchten Wiesen, an Bachufern und in Hochstaudenfluren. Wie das Echte Mädesüß verträgt er keine häufige Mahd und kann sich nur in Wiesen halten, die nur einmal im Spätjahr gemäht werden.

BESONDERHEITEN Beim Beinwell wird vor allem die Wurzel zur Herstellung für Salben verwendet. Sie hilft bei Knochenbrüchen, Verstauchungen und Hautschäden. Auf Wunden aufgelegt, wirken die Blätter schmerzstillend. Aber Vorsicht: Innerlich darf die Pflanze wegen der Pyrrolizidinalkaloide nicht verwendet werden und äußerlich (z. B. als Umschlag) nur, wenn die Wunde nicht mehr blutet. Aufgrund des relativ hohen Gehalts an potenziell karzenogenen und leberschädigenden Stoffen wird heute auf verwandte Arten zurückgegriffen.

TIPP **Während der Schwangerschaft sollte man auf Beinwell als Medikament verzichten. In der Naturheilkunde wird Beinwell bei Knochenbrüchen (zur Anregung der Kallusbildung), bei schlecht heilenden Wunden, bei Arthrosen und Gelenkschmerzen eingesetzt.**

©Madeleine Steinbach/Shutterstock.com

Beinwell-Salbe wird nur bei stumpfen Verletzungen ohne offene Wunden verwendet.

© Martien van Gaalen/Shutterstock.com

Echtes Mädesüß
Filipendula ulmaria

Über den deutschen Namen dieser stattlichen Wiesenpflanze wird viel gerätselt. Eine Theorie besagt, dass sich der Name von der Verwendung zum Süßen und Aromatisieren des Met (Honigwein) herleitet. Es könnte sich aber auch um eine Mahdsüße handeln, denn nach dem Mähen verströmen die Blüten einen süßen Duft.

BOTANIK Das Echte Mädesüß ist eine auffallende Wiesenpflanze mit hohem, aufrechtem Wuchs. Die Staude kann eine stattliche Höhe von 1,5 m und mehr erreichen. Das Mädesüß trägt viele sehr kleine, cremeweiße Einzelblüten in dichten, fedrigen Rispen, die ähnlich aussehen wie die Blütendolden des Holunders. Die Blüten erscheinen von Juni bis August und verströmen vor allem abends ihren intensiven honig- bis mandelartigen Geruch. Sie werden von Insekten aller Art besucht, nur Schmetterlinge sieht man nie an den Blüten.

STANDORT Das Echte Mädesüß wächst auf feuchten Wiesen in der Sonne oder im lichten Schatten. Man findet es an Ufern oder in Auwäldern. Es gehört zu den Pflanzen der Hochstaudenfluren, die an Gebüschrändern oder entlang von Gräben oder Bächen zu finden sind. Die Staude verträgt keine häufige Mahd und kann sich am besten entwickeln, wenn nur einmal im Herbst oder auch nur alle zwei Jahre gemäht wird.

BESONDERHEITEN Zerreibt man die Blätter des Mädesüß, so wird einem der strenge Geruch sofort auffallen. Die Pflanze enthält nämlich Salicylsäure wie sie beispielsweise in etwas abgewandelter Form als synthetisch hergestellte Acetylsalicylsäure auch in dem Medikament Aspirin zu finden ist. In der Volksmedizin wurde sie daher auch bei Kopfschmerzen eingesetzt.

TIPP **Die Blüten eignen sich auch zum Aromatisieren von Getränken oder Süßspeisen. Sie verleihen ihnen einen süßherben Geschmack. Die Blüten sollen aber nicht im Übermaß verwendet werden. Aus den verschiedenen Pflanzenteilen kann man auch einen wohlschmeckenden Kräutertee zubereiten.**

Das Mädesüß kann auch an Teichrändern gepflanzt werden.

Großer Wiesenknopf
Sanguisorba officinalis

Der deutsche Name dieser Wiesenpflanze geht auf die knopfartigen Blütenstände zurück. Betrachtet man eine Blüte genauer, so sieht man, dass der Knopf aus vielen kleinen Becherblüten zusammengesetzt ist.

Die lateinische Bezeichnung leitet sich von einer medizinischen Anwendung aus der Volksmedizin ab. Die Pflanze wurde früher zur Blutstillung verwendet (»sanguis« bedeutet Blut und »sorbere« Aufsaugen).

BOTANIK Charakteristisch für den Großen Wiesenknopf sind seine gezähnten Blätter und langstieligen Blütenköpfchen. Er wird ca. 1,2 m hoch und bildet sehr dekorative dunkelpurpurne Blütenköpfchen (Juli bis August), die auch als Samenstände noch eine Zierde sind.

Die Blüten dienen den Jungraupen des stark gefährdeten Ameisenbläulings als Futterpflanze. Die Raupe, die sich zuerst von den Blütenköpfchen des Wiesenknopfes ernährt, lässt sich in weiterer Folge von Ameisen aufziehen. Durch einen Tarngeruch wird sie von den Ameisen wie die eigene Brut gepflegt.

STANDORT Der Große Wiesenknopf bevorzugt feuchte bis nasse Standorte auf Feucht- und Moorwiesen, die nur einmal im Jahr (Herbst) gemäht werden.

BESONDERHEITEN In der Volksheilkunde wird der Große Wiesenknopf heute zur Leber-, Gallen-, Nieren- und Darmreinigung eingesetzt. Ein naher Verwandter des Großen Wiesenknopfs ist der Kleine Wiesenknopf (*Sanguisorba minor*), der schon seit dem Mittelalter als Würz- und Heilpflanze geschätzt wird und wild wachsend in Wiesen auf trockenen Standorten vorkommt.

Schmetterlinge benötigen im Garten verschiedene Futterpflanzen.

TIPP Die gezähnten, vitaminreichen Blätter des Kleinen Wiesenknopfs erinnern im Geschmack an Gurken. Sie verfeinern Salate, Suppen oder Aufstriche und entfalten in Kräuteressig ein angenehmes Aroma. Die dekorativen Blätter eignen sich auch zum Garnieren.

Kuckuckslichtnelke
Silene flos-cuculi

Diese Pflanze verdankt ihren Namen dem weißen Schaum (Kuckucksspeichel), in dem die Larven der Schaumzikade leben.

BOTANIK Die Kuckuckslicht-Nelke ist eine aufrecht wachsende, zarte Staude, bei der vor allem die Blüten auffallen. Die Wuchshöhe variiert je nach Standort von 30 bis 80 cm. Die zerfaserte, leuchtend purpurrote Blüte erscheint von Mai bis Juli. Betastet man die Pflanze, so fällt auf, dass unterhalb des Knotens der Blütenstängel etwas klebrig ist. Dies stellt einen Aufkriechschutz gegen kleinere Insekten dar. Bestäubt wird die Blüte von Faltern und langrüsseligen Bienen.

TIPP Die Kuckckslicht-Nelke ist für den Teichrand, die Feuchtwiese im Garten oder einen sumpfigen Graben ideal geeignet. Sie kann über Saatgut vermehrt werden und keimt unproblematisch.

STANDORT Die Kuckuckslicht-Nelke findet man vor allem auf feuchten Wiesen. Dort kann sie im Frühling massenhaft auftreten und mit ihren purpurroten Blüten einen bunten Blühaspekt bilden, der sich gut von den gelben Blüten des Hahnenfußes abhebt. Sie bevorzugt nährstoffreiche, humose Böden und verträgt auch saure Standorte.

BESONDERHEITEN Zwei weitere Arten der Gattung *Silene* sind vor allem als attraktive Zierpflanzen in Gärten zu finden. Die Vexier- oder Lichtnelke (*Silene coronaria*) gehört zu den alteingesessenen Bauerngartenpflanzen. Die dunkelkarminroten Blüten und das silbrige Laub bilden einen besonderen Blickfang im Beet. Die Pechnelke (*Silene viscaria*), die ihren Namen einem stark ausgeprägten Klebering am Stängel verdankt, wächst wild auf Magerwiesen und wird ebenfalls als Zierpflanze kultiviert.

Eine Verwandte der Kuckuckslicht-Nelke ist die Pechnelke.

Trollblume
Trollius europaeus

Der Name dieser attraktiven Wiesenpflanze weist auf ihre große kugelige Blüte hin. Das althochdeutsche Wort »troll« bedeutet kugelrund. Im Volksmund wird die Trollblume auch Kugelranunkel, Goldköpfchen oder Butterkugel genannt. Die Kugelform der Blüte schützt Pollen und Narbe vor Regen.

BOTANIK Die Trollblume gehört zu den schönsten und auffälligsten Vertretern der Hahnenfußgewächse in Mittel- und Nord-Osteuropa. Auf mehreren kahlen und meist unverzweigten Stängeln erscheinen die 2 bis 3 cm großen, kugeligen und intensiv gelb gefärbten Blüten. Die spezifische Form der Blüte erlaubt es vor allem kleineren Insekten, durch die winzige Öffnung an der Spitze der Blütenblätter einzudringen. Größere Insekten müssen sich mit einigem Kraftaufwand zwischen den Blütenblättern hindurchzwängen.

STANDORT Die Trollblume ist eine Pflanze der Bergwiesen, die auf kühlen, dauerfeuchten Lehmböden gedeiht. Man findet sie in Feuchtwiesen, Flachmooren, Quellwiesen, auf kalkreichen und auch auf sauren Standorten. Im Gebirge kommt sie bis zu einer Höhe von etwa 3000 m vor. Gemeinsam mit den Narzissen bildet sie einen Aspekt der Frühlingswiesen im Alpenvorland und in manchen Alpentälern. Sie verträgt sonnige und auch halbschattige Standorte, sonnige Standorte sollten möglichst feucht sein. Im Garten eignen sich Trollblumen besonders für Teichränder oder für die Umgebung von Wasserläufen.

BESONDERHEITEN Die Trollblume gehört wie viele andere Wiesenpflanzen zu den gefährdeten und vom Aussterben bedrohten Arten. In Deutschland ist sie in vielen Bundesländern schon ausgestorben. Die meisten Standorte wurden durch Entwässerung oder Überdüngung vernichtet.

In Österreich ist die Situation etwas besser, doch auch hier sind die Lebensräume der Trollblume längerfristig gefährdet. Trollblumenwiesen können nur erhalten werden, wenn sie relativ spät gemäht und nicht gedüngt werden. Da sie schwach giftig ist, wird sie vom Vieh gemieden und genießt daher bei den Landwirten kein hohes Ansehen.

> **TIPP** **Die hellgelben Kugelblüten der Trollblumen harmonieren besonders gut mit den zarten, weißen Narzissenblüten.**

Die Trollblume ist auch eine beliebte Zierpflanze, die im letzten Jahrhundert züchterisch bearbeitet wurde. Von den fast 70 Sorten, die damals entstanden sind, ist heute nur noch ein kleiner Teil vorhanden. Heute zählen vor allem die beiden Arten *T. europaeus* und *T. chinensis* zum Standartsortiment der Gärtnereien. Letztere stammt aus Russland und dem Nordosten Chinas. Dort ist sie in Sumpfgebieten verbreitet. Für den Naturgarten sind die in speziellen Gärtnereien angebotenen Wildpflanzen vorzuziehen. Keinesfalls sollte die geschützte Pflanze an ihrem Wildstandort ausgegraben werden.

© Animaflora PicsStock/Shutterstock.com

Wiesen-Schaumkraut
Cardamine pratensis

Der deutsche Name weist auf einen ökologischen Aspekt der Pflanze hin. An den Stängeln des Wiesen-Schaumkrauts findet man relativ häufig einen weißen Schaum, in dem die Larven der Schaumzikade leben. Diese »Schaumnester« sind im Frühjahr so häufig, dass sie im Volksmund lautmalerisch Kuckucksspeichel oder Hexenspucke genannt werden.

BOTANIK Das Wiesen-Schaumkraut ist eine zarte Pflanze aus der Familie der Kreuzblüten-Gewächse. Die Pflanzen bilden eine niedrige Blattrosette, aus der ein runder, hohler und beblätterter Stängel mit einer Höhe zwischen 15 bis 40 cm hervorwächst.

Die Kronblätter sind weiß bis blassrosa und mit dunkleren Adern durchzogen. Bei Regenwetter und Dunkelheit krümmen sich die Blütenstiele und die sich schließenden Blüten nehmen eine nickende Stellung ein.

Die Blütezeit des Wiesen-Schaumkrauts dauert von April bis Juni. Neben der Schaumzikade nutzen auch Schmetterlinge das Wiesen-Schaumkraut als Nahrungspflanze. Der Aurorafalter, der das Wiesen-Schaumkraut ebenfalls als Nektarpflanze verwendet, legt auch seine Eier auf der Pflanze ab. Das Wiesen-Schaumkraut lässt sich aus Samen sehr leicht vermehren.

STANDORT Im Frühjahr überziehen die zartlila Blüten des Wiesen-Schaumkrauts oft massenhaft frische, feuchte Fettwiesen. Die Pflanze bevorzugt Böden, die gut mit Feuchtigkeit versorgt sind und gedeiht in Sonne und Halbschatten.

BESONDERHEITEN Die jungen Blätter, die vor der Blüte gesammelt werden, sowie die jungen Sprossen sind essbar und schmecken wie Kresse. Sie können in Salaten, in Kräutersuppen, als Gewürz für Topfen und Kräuteraufstriche verwendet werden.

Wiesen-Schaumkraut-Fitnesscocktail

Mischen Sie 20 g pürierte Blätter von Wiesen-Schaumkraut mit 125 ml Kefir und 125 ml frisch gepresstem Orangensaft.

Nicht nur Nahrung für Insekten ...

Magerwiese

© Andreas Zerndl/Shutterstock.com

Es ist der Wiesentyp, der landläufig am ehesten mit einer bunten Blumenwiese verbunden wird. Die meisten Menschen wünschen sich in ihrem Garten eine blumenreiche Magerwiese. Mit ihrem niedrigen, nicht gänzlich geschlossenen Blütenflor lässt sie sich auch auf einem kleinen Südhang, neben der Terrasse oder sogar in einem kleinen Vorgarten verwirklichen.

Standorte

Magerwiesen entwickeln sich auf flachgründigen Böden mit geringer Wasserversorgung. Es sind niederwüchsige, schüttere und kräuterreiche Bestände, die kleinflächig auf Rainen, Hügelkuppen oder südexponierten Hängen zu finden sind. Der bestimmende Standortfaktor ist der Grad der Trockenheit, denn ohne Wasser können die Pflanzen die im Boden vorhandenen Nährstoffe nicht nutzen.

Diese Wiesen gehören neben den Feuchtwiesen zu den gefährdeten Lebensräumen. Aufgrund von Intensivierung, Aufforstung oder durch massive Eingriffe in die Landschaft wie z. B. das Wegbaggern von Rainen sind die Flächen der Magerwiesen in den letzten Jahrzehnten immer mehr zurückgegangen.

Charakteristik

TYPISCH MAGERWIESE Ein Charakteristikum der Magerwiese ist das Fehlen der Obergräser. Aufgrund der Trockenheit und Nährstoffarmut der Böden fehlen die hochwüchsigen Grasarten. Vorherrschend ist daher die Mittelschicht mit einer großen Zahl an lichtbedürftigen Pflanzen.

Zu den charakteristischen Pflanzenarten der Magerwiese zählen vor allem bestimmte Gräser wie die Aufrechte Trespe, das Zittergras oder der Rotschwingel. Diese sind nicht so auffällig und daher etwas schwerer zu finden und zu bestimmen als die Gräser der Fettwiese. Die Zahl der Kräuter und Blumen der Magerwiese ist sehr groß und variiert je nach Standort. Typische Vertreter sind u. a. Klappertopf-Arten, Thymian, Schafgarbe, Johanniskraut, Kartäuser-Nelke, verschiedene Glockenblumen, Hornklee, Wundklee, Wiesen-Flockenblume oder Wiesen-Salbei.

SELTENE GÄSTE Zu den Besonderheiten der Magerwiesen gehören auch die Orchideen aus der Gruppe der Knabenkräuter oder die blassrosa Riemenzunge. Orchideen sind auch deshalb etwas Besonderes, weil sie mit ihren Wurzeln eine Symbiose mit einem Pilz eingehen. Daher können sie nicht versetzt oder durch Samen an einem anderen Standort vermehrt werden. Der Pilz reagiert sehr sensibel auf Umwelteinflüsse und verträgt keine Düngemittel.

Jahreslauf

EINZIGARTIGE FLORA Die Magerwiese fällt im Laufe des Frühjahrs im Vergleich zu den Fettwiesen auf. Sie bekommt keine sattgrüne Farbe, sondern wird eher von zarten, silbrig wirkenden Gräsern und bunten Blumen geprägt. Im Frühling schmücken sich vor allem die Trockenrasen des pannonischen Raumes im Osten Österreichs mit einer einzigartigen Flora aus Kuhschelle, Adonisröschen oder Zwergschwertlilie. Im Frühsommer stellt sich ein bunter Blütenflor verschiedener Blumen auf den Magerwiesen ein, der meist bis weit in den August hineinreicht.

Die Wiesen werden allerdings mit der Zeit immer strohiger. Wenn dann die meisten Blumen verblüht sind, ist auch der Zeitpunkt für die Mahd gekommen. Bis in den Herbst ist das Wachstum der Magerwiesen meist so gering, so dass ein weiterer Schnitt nicht notwendig ist. Magerwiesen werden daher traditionell nur einmal im Jahr gemäht oder extensiv beweidet und nicht gedüngt.

Verschiedene Ausprägungen

TROCKENRASEN Sie stellen gleichsam den Extremtyp der Magerwiese auf kleinflächigen Sonderstandorten dar. Die Wissenschaft unterscheidet dabei einen primären Trockenrasen, der auf extrem trockenen und seichtgründigen Standorten seine natürliche Verbreitung hat und einen sekundären Trockenrasen (Halbtrockenrasen), der hauptsächlich durch den Einfluss des Menschen (Rodung, Beweidung oder Mahd) entstanden ist.

HALBTROCKENRASEN Während die Trockenrasen hauptsächlich von Spezialisten besiedelt werden und sehr schüttere Rasenbestände darstellen, bilden die Halbtrockenrasen den Übergang zur Magerwiese. Sie bilden immer noch kräuterreiche, von Gräsern dominierte, lichte Wiesen auf trockenen, sandigen oder schottrigen Böden mit geringer Wasserversorgung. Dort, wo der Bestand dichter und wüchsiger wird, geht der Halbtrockenrasen in die Magerwiese über.

BÜRSTLINGSRASEN Sie sind im Gegensatz zu den Trockenrasen auf saure und magere Böden beschränkt. Heute findet man Bürstlingsrasen vor allem bei den Extensivweiden in Höhenlagen ab 500 m. Sie ergrünen spät und wirken aus der Ferne etwas eintönig, erst bei genauerem Hinsehen wird der Artenreichtum ersichtlich. Der Bürstling, die Charakterart dieser Flächen, ist ein horstig (aus einem Zentrum) wachsendes Gras, das nur in jungem Zustand vom Weidevieh gefressen wird. Mit Arnika, Augentrost, Silberdistel und Zwergsträuchern (Heidekraut, Heidelbeere) stellen diese Flächen artenreiche Lebensräume von großem ökologischem Wert dar.

Auf den folgenden Seiten finden Sie einige typische Vertreter der Magerwiese näher beschrieben.

Perchtoldsdorfer Heide

Auf der Perchtoldsdorfer Heide – einem Naherholungsgebiet am Rande Wiens – kann man einen typischen Halbtrockenrasen erleben. Besonders im Frühjahr, wenn Kuhschellen und Frühlings-Adonis in Massen blühen, ist die Heide einen Besuch wert. Auch die Ziesel, tagaktive, in Höhlen lebende Steppentiere, sind eine Attraktion. Die Heide mit ihrem Blütenreichtum, dem silbrigen Federgras und den vielen Aussichtspunkten vermittelt noch einen Eindruck jener weiten Steppe- und Weidelandschaften, die wir heute zu einem großen Teil umgestaltet, intensiviert und verbaut haben.

Pflanzen der Magerwiese
Echtes Labkraut

Galium verum

© Ksenia Lada/Shutterstock.com

Der deutsche Name weist auf eine interessante Verwendung der Pflanze hin. Das Echte Labkraut und das Wiesen-Labkraut enthalten das Labferment, das zur Milchgerinnung bei der Käseherstellung verwendet wird.

BOTANIK Das Echte Labkraut ist eine mehrjährige Pflanze mit einer Wuchshöhe von 30 bis 80 cm. Auffällig sind die nadelförmigen, quirlig angeordneten Laubblätter mit umgerolltem Rand. Diese spezielle Form verhindert aufgrund der geringen Blattoberfläche die Verdunstung. Die Blüten des Echten Labkrauts sind in leuchtend gelben Rispen angeordnet. Sie haben einen besonders angenehmen Geruch, der an Honig erinnert. Blütezeit ist von Mai bis September. Das Echte Labkraut zählt zu den Bienenfutterpflanzen und ist außerdem die Futterpflanze der Raupe des Kleinen Weinschwärmers, eines Nachtfalters aus der Familie der Schwärmer.

STANDORT Bevorzugt werden Magerrasen und -weiden, Halbtrockenrasen, Wegraine und Gebüschsäume. Das Echte Labkraut ist ein Magerkeitszeiger und damit auf gedüngten Wiesen oder nährstoffreichen Standorten nicht verbreitet.

BESONDERHEITEN Das Echte Labkraut eignet sich hervorragend für die Teezubereitung. Es verleiht dem Teeaufguss eine schöne Farbe und ein bekömmliches Aroma. Außerdem hat es, ähnlich wie Johanniskraut, eine beruhigende und stimmungsaufhellende Wirkung. Das Wiesen-Labkraut (*Galium mollugo*) kommt auf nährstoffreichen, lehmigen Fettwiesen vor. Der Waldmeister (*Galium odoratum*) ist in schattigen Laubwäldern anzutreffen und fühlt sich z. B. im schattigen Saum einer Hecke wohl. Waldmeister ist schwach giftig.

TIPP **Der Waldmeister verströmt beim Welken ein intensives Aroma (Cumarin), das z. B. der Waldmeisterbowle ihren besonderen Geschmack verleiht.**

Ein Waldmeisterteppich im Frühlingswald ...

© Martin Fowler/Shutterstock.com

Feld-Thymian
Thymus pulegioides

Der Feld-Thymian, auch Quendel genannt, verdankt seinen wissenschaftlichen Namen dem Brauch, die getrockneten Pflanzen für Räucherungen zu verwenden. Das griechische Wort »thyein« bedeutet Opfern und weist auf diese Verwendung hin.

BOTANIK Den wild wachsenden Thymian oder Quendel riecht man meist, bevor man ihn sieht. Er bildet kleine flache Polster, die Felsen und flachgründige Hügelkuppen überziehen. Die zartrosa Blüten duften stark und werden von vielen Insekten besucht. Der Thymian bildet kriechende Ausläufer, die bis zu 30 cm lang sein können.

STANDORT Der Thymian hat sich auf Extremstandorte spezialisiert. Mithilfe der Ausläufer kann er felsige und schottrige Standorte relativ rasch erobern. Auch auf sonnigen Magerrasen und trockenen, sandigen Böden fühlt er sich wohl. Nur dort, wo der Boden tiefgründiger wird, muss er der Konkurrenz weichen.

BESONDERHEITEN Neben dem Feld-Thymian gibt es noch viele weitere Thymian-Arten, die für Magerrasen geeignet sind. Der Sand-Thymian (*Thymus serpyllum*) ist vor allem auf sandigen Böden im Osten Österreichs zu finden. Er ist vom Aussterben bedroht.

Zuchtformen gibt es vom Echten Thymian (*Thymus vulgaris*), der ursprünglich aus Südwesteuropa stammt und als Gewürzkraut kultiviert wird, und vom Zitronen-Thymian (*Thymus citriodorus*), einer nach Zitronen duftenden Art.

Ätherische Öle

Der Gehalt an ätherischem Öl variiert bei den einzelnen Arten sehr stark und ist von Klima, Erntezeit und Lagerung abhängig. Schon im Altertum erkannte man die starken antiseptischen Eigenschaften dieser kleinen, aber zähen Pflanze. Thymian wirkt desinfizierend, schleimlösend und krampfstillend. Er wird vor allem bei Bronchialleiden, Asthma, Erkältungskrankheiten, aber auch bei Verdauungsstörungen sowie Blasen- und Nierenentzündungen eingesetzt.

Das kleinblättrige Laub des Thymians stellt eine Anpassung an trockene Standorte dar.

PFLANZEN DER MAGERWIESE

Kartäuser-Nelke
Dianthus carthusianorum

© Grand-Duc/WikiMedia Commons CC BY-SA 3.0 de

In Österreich wird die Kartäuser-Nelke auch als Steinnelke bezeichnet, vielleicht ein Hinweis auf ihr Vorkommen auf steinigen, schottrigen Böden. Auch die Namen »Blutströpfchen« oder »Blutnelke« sind geläufig, beides Hinweise auf die intensive Farbe der Blüten. Der Name Kartäuser-Nelke leitet sich wahrscheinlich vom Klosterorden der Kartäuser ab. Die Mönche verwendeten die Pflanze zur Herstellung eines Einreibemittels gegen Muskelschmerzen.

BOTANIK Die Kartäuser-Nelke bildet einen Polster, aus dem die 10 bis 50 cm hohen Blütentriebe hervorwachsen. Auffällig sind die intensiv purpur gefärbten Blüten, die weithin leuchten. Bestäubt werden die Blüten vor allem von Tagfaltern. Die Kartäuser-Nelke vermehrt sich einerseits durch Samen, aber auch vegetativ durch Verzweigungen des Rhizoms.

STANDORT Die Kartäuser-Nelke ist eine ideale Pflanze für magere, sandige und steinige Magerrasen. Sie gedeiht sogar noch zwischen Geröll. Geeignet sind hauptsächlich kalkreiche, lockere Böden und vollsonnige Standorte. Durch ihre Anspruchslosigkeit eignet sie sich auch für Dachbegrünungen und Balkonkisten.

> **TIPP** Kartäuser-Nelken sind ein überaus beliebtes Motiv bei Fotografen. Die Blüten haben eine besonders leuchtende Farbe und werden gerne von verschiedenen Faltern besucht.

BESONDERHEITEN Die Kartäuser-Nelke ist leicht aus Samen zu vermehren. Auch vorhandene Pflanzen können im Herbst mithilfe von Stecklingen leicht vermehrt werden. Die gesamte Pflanze enthält Saponine, das sind seifige Bestandteile, die früher zur Gewinnung von Einreibemitteln verwendet wurden. Die Blüten duften sehr angenehm nach Gewürznelken.

Die Gattung *Dianthus* umfasst ungefähr 300 Arten, die vor allem im Mittelmeergebiet bis Kleinasien verbreitet sind. In der Natur wachsen Nelken nur an sonnigen, trockenen Plätzen, die meisten lieben Kalk.

Unter den Nelken finden sich viele wertvolle Gartenstauden, die vor allem für Steingärten und Trockenmauern geeignet sind. Die meisten Nelken wachsen polsterförmig und ihre grasartigen Blätter bilden niedrige, rasenartige oder locker buschige Stauden. Manche weisen ein besonders gefärbtes Laub auf mit meergrünen oder blaugrauen Polstern, die sich auch als Einfassungspflanzen eignen.

Auf Magerwiesen kann neben der Kartäuser-Nelke auch die Heidenelke (*D. deltoides*) wachsen. Letztere gedeiht auch auf sauren Böden. Sie bildet kleinblättrige, grüne oder braungrüne Polster und zahlreiche dunkelrosa Blüten auf 10 bis 15 cm hohen Stielen.

Die kurzlebige Prachtnelke (*D. superbus*) benötigt frische und etwas feuchtere Standorte. Die tief zerschlitzten, blasslila Blüten sitzen auf 30 bis 60 cm langen Stängeln und duften stark. Die Pfingst-Nelke (*D. gratianopolitanus*) eignet sich für die Bepflanzung von Steingärten oder von Trögen.

© arenysam/Shutterstock.com

Wiesen-Salbei
Salvia pratensis

Der lateinische Name der Salbeiarten leitet sich von dem Begriff »salvare« (Heilen bzw. gesund sein) ab. Der Wiesen-Salbei hat allerdings nicht die Heilwirkung des Echten Salbeis. Getrocknete Blätter können als Gewürz verwendet werden.

BOTANIK Der Wiesen-Salbei ist eine ausdauernde Pflanze mit einer langen Pfahlwurzel. Die Blätter enthalten ätherische Öle, die u. a. die Verdunstung verringern – eine Anpassung an trockene, warme Standorte. Die blauen Blüten des Wiesen-Salbeis sind nicht nur eine besondere Zierde der Magerwiese, sie sind auch interessant zu beobachten.

Die Bestäubung erfolgt hauptsächlich durch Hummeln. Sobald eine Hummel auf der unteren Lippe der Salbeiblüte landet und ihren Rüssel in die Blüte steckt, löst sie einen Hebelmechanismus aus. Der verlängerte Staubbeutel wird auf den Rücken gedrückt, der Blütenstaub (Pollen) bleibt am haarigen Körper der Hummel haften und wird zur nächsten Blüte weitergetragen.

STANDORT Der Wiesen-Salbei kommt vor allem auf sommerwarmen, kalkreichen Lehmböden vor. Er bevorzugt sonnige Lagen auf mageren Böschungen, an Wegrändern oder in trockenen Wiesen. Durch intensive Bewirtschaftung wird er leicht verdrängt und ist daher heute schon recht selten geworden.

BESONDERHEITEN Der Salbei hat einige Verwandte, die ebenfalls für trockene Wiesen geeignet sind. Der Steppen-Salbei (*Salvia nemorosa*) ist eine besonders attraktive Wiesenpflanze, die auch züchterisch als Zierpflanze bearbeitet wurde. Der Quirl-Salbei (*Salvia verticillata*) kommt vor allem im Osten Österreichs auf Halbtrockenrasen und Magerwiesen vor.

Der Echte Salbei (*Salvia officinalis*) stammt ursprünglich aus Südeuropa und wird bei uns als Gewürz- und Heilpflanze in Gärten kultiviert. Seine Wirkung verdankt er dem hohen Gehalt an ätherischen Ölen. Auch nach dem Trocknen behält er sein Aroma, das sogar noch etwas intensiver bzw. strenger wird. In der Küche ist daher frischer Salbei vorzuziehen.

© Bernd Haynold/Wikimedia Commons CC BY 3.0

Der Traum vieler Gartenbesitzer: Eine bunte Blumenwiese mit Wiesensalbei.

Wiesen-Witwenblume

Knautia arvensis

Der wissenschaftliche Name geht auf einen Botaniker namens Knaut zurück. Die deutsche Bezeichnung stammt ursprünglich von einer Gartenpflanze mit samtigen, schwarzroten Blüten, *Scabiosa artropurpurea*, die aufgrund ihrer Farbe Witwenblume genannt wurde. Der Name wurde dann auf die ähnlich aussehenden lila Blüten der Wiesen-Witwenblume übertragen.

BOTANIK Die Wiesen-Witwenblume ist mehrjährig. Aus einer grundständigen Rosette treibt der mit graugrünen Blättern besetzte Blütenstängel. Die Pflanze erreicht eine Wuchshöhe von 30 bis 80 cm. Die köpfchenförmigen, leicht gewölbten Blütenstände sind zartlila bis hellviolett. Tagfalter, Widderchen, Bockkäfer, Hummeln, Fliegen und Schwebfliegen besuchen die Blüte. Auch bei den Wildbienen ist sie ein beliebter Pollenspender. Für die Raupen des Goldenen Scheckenfalters und des Mohrenfalters fungiert sie als Futterpflanze. Die Samen werden von Ameisen verbreitet.

Vermehrung

Die Vermehrung durch Samen ist bei der Wiesen-Witwenblume oftmals nicht einfach, denn sie keimt unregelmäßig. Wer die Pflanze in seiner Wiese haben möchte, sollte eventuell Jungpflanzen einsetzen. Die Wiesen-Witwenblume wird gerne mit Arten aus der Gattung der Skabiosen (Kardengewächse) verwechselt. Unterscheidung: Der Stängel der Wiesen-Witwenblume ist unterhalb des Blütenkopfes behaart.

Schmetterlinge benötigen nicht nur Blüten zum Saugen von Nektar, sondern auch Futterpflanzen für die Raupen.

STANDORT Die Wiesen-Witwenblume ist anpassungsfähig und kommt vor allem auf trockenen Lehmböden vor. Sie mag Wärme und besiedelt Magerwiesen, Halbtrockenrasen, Wegränder, aber auch Äcker und Raine. Sie eignet sich für Dachbegrünungen, kann aber auch in Fettwiesen auftreten.

BESONDERHEITEN In der pannonischen Vegetation im Osten Österreichs kommt die sogenannte Gelbe Witwenblume (*Knautia kitaibelii*) vor. Sie ist leider vom Aussterben bedroht.

©Sahara Frost/Shutterstock.com

Wilde Möhre
Daucus carota

Die Artbezeichnung *carota* weist auf die Inhaltsstoffe der Pflanze, die Karotine hin, die bei den Kulturformen der Karotten für den rot-orangen Farbton verantwortlich sind.

BOTANIK Die Wilde Möhre ist eine zweijährige Pflanze und treibt im zweiten Jahr aus einer Halbrosette einen imposanten Stängel mit weißen Doldenblüten. Die Staude kann bis zu 1 m hoch werden. Auffallend ist auch die verdickte Pfahlwurzel, die besonders kräftig ausgebildet ist. Die Blüten sind zusammengesetzte, große weiße Dolden.

Eine Besonderheit der Karottenblüte ist die dunkelviolett gefärbte »Möhrenblüte«, die im Zentrum der Dolde sitzt. Die Blüten haben einen großen ökologischen Wert und werden von den verschiedensten Insektenarten besucht. Käfer, Grab-, Schlupf- und Wegwespen, Sand- und Furchenbienen, Hummeln und Honigbienen zählen zu den häufigen Blütenbesuchern. Die Blätter dienen als Nahrung für die attraktive Raupe des Schwalbenschwanzes.

STANDORT Die Wilde Möhre ist recht anpassungsfähig. Sehr häufig trifft man sie auf trockenen Böschungen, in Magerwiesen oder an Wegrainen. Sie samt sich leicht aus und ist daher oft in Saatgutmischungen für Blumenwiesen zu finden.

BESONDERHEITEN Nach der Samenreife passen sich die Doldenstiele der Wilden Möhre der Witterung an: Bei feuchtem Wetter oder in der Nacht krümmen sie sich einwärts, bei Sonnenschein spreizen sie sich wieder. Dieses Phänomen ist auch zu beobachten, wenn die Dolden abgeschnitten wurden.

Herkunft

Die Kulturform der Karotte stammt wahrscheinlich aus Asien und ist eng mit der Wilden Möhre verwandt. Die ersten Beschreibungen einer orangen Karotte in Mitteleuropa datieren Anfang des 18. Jahrhunderts und stammen aus Holland. Kultiviert wurde die Karotte sicher schon länger, doch gab es früher vor allem gelbe und violette Formen.

©Anna Shepulova/Shutterstock.com

Besondere Wiesentypen

© 1stGallery/Shutterstock.com

Blumenwiesen können in der Gartenplanung auch spezielle Aufgaben erfüllen. Frühlingsblumen, Futterpflanzen für Schmetterlinge, Saumpflanzen oder Pflanzen für schattige Randbereiche gehören ebenfalls in die große Gruppe der Wiesenpflanzen.

Eine Frühlingswiese voller Narzissen unter blühenden Obstbäumen ist etwas Wunderschönes. Wer freut sich nicht, wenn er neben Blumen auch Schmetterlinge im Garten beheimaten kann? Wer keinen Platz für die Anlage einer Blumenwiese hat, sollte zumindest über die Alternative eines Kräuter-/Blumenrasens nachdenken, denn auch dort kann es blühen und summen.

Streuobstwiesen

Sie prägen vor allem im Alpenvorland mit ihren Obstbaumreihen die Landschaft. Während der Blüte im Frühling sind die großen Mostbirnbäume und die stattlichen Apfelbäume eine wahre Pracht. Für den Landwirt sind die Flächen von mehrfachem Nutzen: Die Wiese kann zur Heugewinnung oder als Weidefläche verwendet werden. Im Herbst, wenn das Gras gemäht ist, bringen die Obstbäume reichen Ertrag.

ÖKOLOGISCHE BEDEUTUNG Streuobstbestände wurden in den letzten Jahrzehnten intensiver untersucht. Sie gehören zu den artenreichsten Lebensräumen. Hier finden sich Tier- und Pflanzenarten, die in lichten Wäldern und offenen Wiesen leben und gedeihen. Totholzanteile fungieren als Sitzwarten für Vögel, Höhlen und Astgabeln bieten ideale Nistmöglichkeiten. Blüten, Blätter und Baumrinde sind von unzähligen Insekten bevölkert und auch die Wiese im lichten Schatten der Bäume bietet vielen Tieren einen Lebensraum.

Jeder kann es beobachten: Die Streuobstwiese ist voller Vogelgezwitscher, das Summen und Brummen unzähliger Bienen erfüllt die

Narzissenpracht

Die wilden Narzissen, die zum Beispiel im Salzkammergut Anfang Juni die Wiesen mit ihren strahlend weißen Blüten überziehen, heißen Sternnarzissen (*Narcissus radiiflorus*). Die Bewirtschaftung der Narzissenwiesen ist an den Lebensrhythmus der Pflanzen angepasst: Die Wiesen werden meist spät im Jahr gemäht und nicht gedüngt. Nur dadurch ist das Überleben der Narzissen gewährleistet.

© Wolfgang Simlinger/Shutterstock.com

Narzissen mit ihren strahlend weißen Blüten sind ein wahrer Augenschmaus.

Luft, Heuschrecken zirpen und abends kann man Fledermäuse lautlos an einem vorbeiflattern sehen.

HOCHSTÄMMIGE OBSTBÄUME Diese Bäume werden auf speziellen Unterlagen veredelt. Die Krone beginnt ab einer Stammhöhe von 1,8 bis 2 m. Die Bäume entwickeln sich zu hohen, großkronigen Exemplaren, ganz im Gegensatz zu den kleinen, oft an Spalieren wachsenden Bäumen der Plantagenkulturen.

Die Hochstammobstbäume können schwerer beerntet und gar nicht gespritzt werden. Dafür sind sie sehr robust, erreichen ein hohes Alter, ihre Kronen bieten Lebensräume für Vögel und Insekten und unter den hohen Ästen können Tiere weiden. Die Bäume müssen nach dem Pflegeschnitt der ersten Jahre nicht mehr regelmäßig geschnitten und können extensiv bewirtschaftet werden.

> **TIPP** Die Pflanzung von Obstbäumen oder dichten Beständen mit Iris oder Narzisse auf passenden Standorten im Garten kann wunderbare Gestaltungen ergeben. Wichtig dabei ist, dass die gefährdeten Wildpflanzen niemals für den eigenen Garten ausgegraben oder versetzt werden dürfen. Der Erhalt der naturnahen Bestände sollte immer oberstes Gebot sein.

Narzissenwiesen

Wissenschaftlich gesehen ist die Narzisse ein Relikt aus der Zwischeneiszeit. Tatsächlich zeigt sie uns auch durch ihre Lebensweise, dass sie ursprünglich einem Klima mit vorwiegend trockenen und heißen Sommern entstammt. Sie nützt die Frische des Frühlings, um zu blühen und Samen zu verbreiten.

Irisblüten sind ein Blickfang auf Wiesen.

Im Frühsommer zieht sie sich langsam wieder unter die Erde zurück, nicht ohne vorher genügend Nährstoffe in ihre Zwiebel eingelagert zu haben. In dieser Zeit brauchen die Pflanzen ihr Laub, bis es sich gelb verfärbt. Den Sommer überdauert sie ruhend. Im Herbst nehmen die Wurzeln wieder Wasser auf und während des Winters steht sie bereits in den Startlöchern für ihren großen Auftritt im Frühling.

Iriswiesen

Kurz nach der Narzissenblüte leuchten die selten gewordenen Iriswiesen in tiefem Blau. Die Sibirische Schwertlilie (*Iris sibirica*), die beispielsweise im Ennstal zu Tausenden blüht, kommt auf den von Staunässe geprägten Sumpfwiesen vor. Diese Wiesen werden erst im Herbst für die Streugewinnung gemäht und nicht gedüngt. Sowohl Narzisse als auch Iris sind im Handel erhältlich.

VORBILDWIRKUNG Für den eigenen Garten können diese Wiesentypen als Vorbilder wirken. Eventuell kann auch in Absprache mit einem Landwirt das Heu und damit die Samen der Wiesenblumen für den eigenen Garten verwendet werden (siehe Kapitel »Aussaat und Pflege nach der Keimung«, S. 51).

Blumenwiesen im Garten

Farbenfroh und voller Leben – eine Blumenwiese überrascht uns immer wieder aufs Neue. Wenn sie richtig angelegt ist, wird sie ständig schöner und bunter. Sie verursacht wenig Arbeit und benötigt außer dem regelmäßigen Schnitt keine Pflege. Das Erfolgsrezept für die Anlage einer Blumenwiese wird auf den folgenden Seiten verraten.

Zu Beginn sollte man sich ausreichend Zeit nehmen und alles sorgfältig planen. Dafür kann man sich dann später geruhsam in den Liegestuhl legen: Die Wiese wächst und blüht ganz von allein.

Planung und Anlage

Der erste Grundsatz bei der Planung einer Wiese lautet: Die Wiese darf kein Störfaktor sein. Die Umgebung der Wäscheplatzes oder des Tischtennistischs, der Randstreifen zum Gemüse- oder zum Staudenbeet und der Eingangsbereich eignen sich daher nicht für die Gestaltung als Wiesenfläche. Eine Wiese sollte nämlich nicht allzu oft betreten werden, da die Gräser und Kräuter dann umknicken. Wenn es noch dazu einmal stärker regnen sollte, können sich die Pflanzen nicht mehr aufrichten. Das sieht nicht besonders schön aus und auch das Mähen wird sich einigermaßen schwierig gestalten. Es bildet sich eine verfilzte Schicht am Boden, die nur in mehreren Mähgängen geschnitten werden kann.

Eine Ruheinsel lässt sich ohne großen Aufwand gestalten.

Rasenwege in der Wiese

Die Wiese sollte zwar nicht betreten werden, doch es bereichert die Wiese und das Wiesenerleben, wenn Wege hindurchführen. Diese sind ganz einfach mit dem Rasenmäher anzulegen. Ein bis zwei Spuren regelmäßig mähen und fertig ist der Weg. Auch eine kleine Insel oder ein Liegeplatz können auf diese Weise gestaltet werden. Um die Wiese derart zu strukturieren, muss sie allerdings groß genug sein.

RUHEPLATZ So kann z. B. ein kleiner Pfad mitten durch die Wiese führen. Platziert man an einer geeigneten Stelle noch eine Bank, so ist die neue Ruheinsel schon fertig. So kann ohne großen Aufwand eine Grundstruktur angelegt werden. Die hohen Gräser bieten teilweise sogar einen Sichtschutz und umschließen den Ort. Kurz nach der Mahd oder im Frühling sind Gräser und Kräuter allerdings nicht so hoch und der Ruheplatz liegt möglicherweise offen da. Wer einen dauerhaften Sichtschutz benötigt, muss daher Sträucher oder Bäume mit einplanen.

Eine gewisse Größe ist notwendig

Der Charakter einer Wiese wird von ihrer Ausdehnung geprägt. Erst ab einer bestimmten Größe wirkt eine Fläche als Wiese. Ein Feldrain oder ein Wegrand, mögen sie auch noch so bunt sein, wird nicht als Wiese wahrgenommen. Wiesen versinnbildlichen Weite. Wenn sie sich großzügig ausbreiten können, bilden sie ein ruhendes Element, das von Büschen eingerahmt und von Wegen durchzogen sein kann.

KLEINE WIESE Doch auch eine kleine Wiese kann – gut gestaltet und bewusst geplant – ihre Wirkung entfalten. Hier ist die Form der Fläche entscheidend. Auf einem ebenen Grundstück und in einem streng und eher modern gestalteten Garten kann ganz bewusst eine geometrische Form für den Wiesenfleck gewählt werden. Ein Kreis oder ein Quadrat voller Margeriten und Glockenblumen, von Rasenwegen umgeben, bildet einen Blickfang – ähnlich einem Staudenbeet, nur mit weniger Pflegeaufwand. Diese Fläche kann man bis Ende Juni als Wiese belassen und im weiteren Verlauf des Jahres kurz halten. Der Platz für die Frühsommerwiese sollte allerdings jedes Jahr gleich gewählt werden (siehe auch das Kapitel »Frühlingswiese«, Seite 60).

Im Naturgarten passt eine geometrische Fläche nicht in das Konzept. Hier sollte eine aus den Gegebenheiten entstandene Fläche mit organischem Grundriss gewählt werden. Längliche Strukturen wie Weg-, Heckenränder oder Randstreifen wirken nicht »wiesenhaft«. Sie gehören in die Kategorie der Säume und Randbereiche (siehe Seite 65).

Wiese mit Hanglage

Auch Hänge eignen sich für die Anlage von Blumenwiesen. Besonders nach Süden ausgerichtete Böschungen stellen einen idealen Standort für magere, arten- und blumenreiche Wiesen dar. Die Pflege steiler Hänge kann allerdings mühsam sein. Auch die Neueinsaat von offenem Boden kann hier problematisch werden (siehe Kapitel »Aussaat und Pflege nach der Keimung«, Seite 51). Ist die Wiese aber erst einmal etabliert, werden die vielen dichten Wurzeln, die gerade bei den Magerwiesen einen großen Teil der Biomasse ausmachen, die Bodenerosion ver-

hindern. Leider werden bei Böschungen häufig Bodendecker wie z. B. *Cotoneaster* bevorzugt eingesetzt. Solche Flächen eignen sich jedoch auch für die Anlage blumenreicher Wiesen.

NORDHÄNGE sind im Gegensatz dazu weniger leicht in blütenreiche Wiesen zu verwandeln. Sie sind häufig frischer und feuchter. Dementsprechend fühlen sich dort vor allem die Pflanzen der hochwüchsigen Fettwiesen recht wohl. Es können sich daher auf Nordhängen auch grasreiche Bestände entwickeln, die wenig Blütenaspekte bilden.

Spezialfall Obstwiesen

Obstbäume bilden eine ideale Ergänzung zu einer Wiese. In diesem Fall kann die Fläche mehrfach genutzt werden. Im Frühling gedeihen unter den Bäumen zahlreiche Frühlingsblüher und überziehen die Fläche mit ihren bunten Blüten. Bis zur Blüte der Obstbäume ist die Wiese in etwa kniehoch. Höhere Narzissen oder die Wildtulpe (*Tulipa sylvestris*) veranstalten jetzt mit den Obstbäumen ein regelrechtes Wettblühen.

Wenn die Obstbäume verblüht sind, kommen Kräuter und Wiesenblumen an die Reihe. Nach dem ersten Schnitt Ende Juni kann ein Teil der Obstwiese für einen Liegeplatz, eine Hängematte oder einen Gartentisch kurz gehalten werden. Vor der Obsternte im Herbst sollte die Wiese auf alle Fälle nochmals gemäht werden. Nur im kurzen Gras lässt es sich gut ernten.

> **TIPP** Hochstammbäume bieten unter den hohen Kronen mehr Platz für Liegestühle, Hängematten oder einen Gartentisch. Halbstammbäume sind hingegen leichter zu beernten als hochstämmige Obstbäume.

Bodentypen

© Wolfgang Redeleit   © Piyaset/Shutterstock.com

Nachdem nun feststeht, wo die Wiese angelegt werden soll, ist die Beschaffenheit des Bodens einer der wichtigsten Faktoren für eine erfolgreiche Ansaat.

Am besten sticht man zuallererst mit dem Spaten einen Erdziegel aus und versucht zu erfühlen, ob man eher einen sandigen, tonigen oder kiesigen Boden in seinem Garten hat. Anschließend kann man ganz einfach selbst eine Bodenprobe (siehe Seite 45) durchführen.

Körnung und Zusammensetzung

Die Körnung beschreibt die Größe der einzelnen Bodenbestandteile. Ein Boden besteht meist aus feinen Körnern (< 2 mm, Feinboden) und grobem Material wie Schotter oder Kies (> 2 mm, Grobboden). Die Körnung gibt einen ersten Aufschluss über die Bodenart. Diese wird nach der Zusammensetzung des Feinbodens bestimmt.

Wichtige Bodenfaktoren

Um einen Boden als Typus einordnen zu können, müssen folgende Faktoren berücksichtigt werden:

- Körnung und Zusammensetzung
- Bodenart
- pH-Wert
- Humusgehalt
- Wassergehalt

SAND-, SCHLUFF- UND TONBÖDEN weisen einen geringen Anteil an Kies oder Schotter auf, sind körnig (Schluff), sandig oder lehmig und werden als Feinböden bezeichnet.

KIES- UND SCHOTTERBÖDEN mit einem hohen Anteil an Kies und Schotter gehören zu den Grobböden. Sie sind gut durchlüftet, doch Wasser und Nährstoffe versickern schnell.

Bodenart

SANDBÖDEN Leichte, magere Böden haben einen hohen Sandanteil und zerfallen, wenn man sie kneten will. Meist sind diese Böden etwas heller gefärbt.

In sandig-kiesigen Böden versickern Wasser und Nährstoffe schnell und ihr Speichervermögen ist gering. Dafür sind diese Böden gut durchlüftet, wärmen sich leicht auf und sind leicht zu bearbeiten. Für magere Wiesen stellen diese Böden einen idealen Standort dar.

TONBÖDEN Schwere Tonböden sind genau das Gegenteil. Sie bestehen großteils aus Ton, lassen sich formen und kneten und zeigen glänzende Gleitflächen. Diese Böden speichern das Wasser ausgezeichnet und haben einen hohen Nährstoffgehalt.

Sie sind jedoch nur gering durchlüftet, erwärmen sich im Frühjahr nur langsam und können kaum bearbeitet werden. Für Feuchtwiesen bilden sie aber ein gutes Ausgangsmaterial.

IN DER MITTE Die Mehrheit der Böden liegt zwischen den beiden beschriebenen Extremen. Die sogenannten »mittleren Böden« bestehen aus einem Sand-Lehm-Ton-Gemisch. Die Erde ist beim Kneten etwas bröselig und aufgrund der Tonteilchen werden Wasser und Nährstoffe fest gebunden.

Je mehr Sie über Ihren Boden wissen, desto besser können Sie die Pflanzen darauf abstimmen, was wiederum zu einem gesunden und kräftigen Wachstum und zu geringerer Anfälligkeit führt.

TIPP **Je dunkler ein Boden ist, desto humus- und nährstoffreicher ist er. Diese Böden sind ideale Standorte für blumenreiche Fettwiesen.**

pH-Wert

Neben Bodentyp und Farbe ist auch der pH-Wert von Bedeutung. Dieser kann mit Teststreifen aus der Apotheke einfach getestet werden: Einen Teelöffel Erde in einer Tasse Leitungswasser gut verrühren, Stäbchen hineinhalten und die Verfärbung ablesen.

Bodenprobe leicht gemacht

Rühren Sie eine Bodenprobe in einem gefüllten Wasserglas auf und lassen Sie es dann eine Weile stehen. Sand lagert sich am Glasboden ab. Die Schicht darüber ist Lehm (meist etwas gelblich, ockerfarben). Die dunklen Ton-Humus-Verbindungen finden sich zuoberst. Schätzen Sie nun ungefähr den Anteil der einzelnen Elemente ab.

Ein schwach saurer bis neutraler pH-Wert ist ideal. Zwischen einem Wert von sechs bis acht gedeihen die meisten Wiesenpflanzen ohne Probleme. Ist er zu niedrig (sauer), wird der Humusabbau gehemmt und die verfügbaren Nährstoffe sinken. Aber auch ein kalkreicher Boden, der stark basisch ist, kann für die Pflanzen problematisch sein.

SÄURE AUSGLEICHEN Für saure und alkalische Böden gibt es Spezialisten, die sich in diesem bestimmten Milieu wohlfühlen. Durch die Beimengung von Bodenkalk oder Urgesteinsmehl kann der Säuregrad des Bodens ausgegli-

Humus, Sand und Lehm

chen werden. Für viele Pflanzen der Magerwiesen sind Böden mit einem hohen Säuregrad eher problematisch.

Humusgehalt und Nährstoffe

Humus ist ein wertvoller Speicher für Nährstoffe. Er bezeichnet die Gesamtheit der toten organischen Substanz eines Bodens. Jeder Gartenbesitzer, der selbst kompostiert, kennt den Prozess, wie aus abgestorbenen Pflanzenteilen letztlich guter Humus entsteht.

Ein humusreicher Boden ist nicht unbedingt für eine blumenreiche Magerwiese geeignet. Er ist dunkel, feinkörnig und krümelig. Der hohe Humusanteil lässt sich auch mit der Nase feststellen: Er riecht nach Walderde. Diese Böden sind ideal für Gemüsegärten oder Fettwiesen. Für Magerwiesen sind sie zu nährstoffreich. Hier sind Sandböden mit einem hohen Kies- oder Schotteranteil vorzuziehen.

Humusreiche Böden sind ideal für Fettwiesen und Gemüsegärten.

TIPP ❧ **Experimente und Erfahrungen, die z. B. mit einer Wetterbeobachtung verbunden sind, vermitteln uns ein Gefühl für den Jahreslauf. Besonders für Kinder ist eine kleine Wetterstation im Garten ein einfaches Mittel, um Verständnis für größere Zusammenhänge zu schaffen.**

Wassergehalt

DIE FEUCHTIGKEIT ❧ des Standorts ist ganz wesentlich für die Bestimmung der passenden Pflanzengemeinschaft. Man unterscheidet trockene, frische, feuchte und nasse Standorte. Der Wassergehalt ist ein wichtiger Faktor für das Bodenleben und die Bodenfruchtbarkeit. Magerwiesen können durchaus auf nährstoffreichen Böden vorkommen. Wenn dort allerdings Trockenheit herrscht, sind die Nährstoffe für die Pflanzen nicht verfügbar. Wie viel Wasser ein Boden aufnehmen kann, hängt im Wesentlichen von der Bodenart ab. Schwere Böden in einem niederschlagsreichen Gebiet sind meist sehr feucht, während sandige Böden schnell ab- und auch austrocknen können.

MANCHE PFLANZEN ❧ können auch auf feuchten Böden mit geringer Sauerstoffversorgung wachsen. Einige Arten haben dafür spezielle Anpassungen entwickelt. Auf feuchten und nährstoffreichen Böden ist es daher nicht sinnvoll, mageres Substrat einzubringen und den Humus abzutragen.

Auf dem feuchten, tiefgründigen Unterboden wird niemals eine Magerwiese entstehen, dafür gedeihen alle Feuchtwiesenpflanzen gut. Sandige Böden, die schnell austrocknen, müssten regelmäßig gegossen werden, um eine üppige Feuchtwiese entstehen zu lassen. Pflanzen der Magerwiese haben sich hingegen diesen trockenen Standorten optimal angepasst. Sie schützen sich z. B. mit kleinen, lederartigen Blättern (Thymian) oder mit silbrigem und behaartem Laub (Salbei) vor Verdunstung.

Regenmenge und Luftfeuchtigkeit feststellen

Die Regenmenge pro Quadratmeter wird mit einem analogen Regenmesser gemessen. Das sind nach oben offene, zylinderförmige Gefäße, die mit einer ablesbaren Skala ausgestattet sind. Zur Steigerung der Genauigkeit hat die Einfallsöffnung häufig die Form eines Trichters, um eine größere Regenmenge einzufangen. Die Veränderung der Luftfeuchtigkeit kann man mithilfe von Pflanzen beobachten. Ein Kieferzapfen beispielsweise öffnet vor dem Regen die Schuppen (durch das Öffnen des Zapfens bei steigender Feuchtigkeit werden die Samen herausgeschleudert), bei trockener Luft schließen sie sich. Auch der Blütenstand der Wilden Karotte (wenn sich die Samen bilden) öffnet und schließt sich je nach Wetterlage. Die sogenannte Wetterdistel (*Carlina acaulis*) kann ebenfalls für dieses Experiment verwendet werden. Sie krümmt ihre Hüllblätter in Abhängigkeit von der Luftfeuchtigkeit.

Klima und Höhenlage

Beide Faktoren beeinflussen die standorttypischen Pflanzengemeinschaften. Hilfreich ist es, sich einmal in der näheren Umgebung zu orientieren und den Wiesentyp nach den vorhandenen Gegebenheiten auszurichten. Der pannonische Magerrasen mit seinen typischen Pflanzengesellschaften kommt nur in einem sehr begrenzten Klimaraum im Osten Österreichs vor, während Bergwiesen zum Beispiel erst ab einer gewissen Höhenlage mit den charakteristischen Pflanzen ausgestattet sind. Hier wäre es sinnlos, entgegen diesen Standortfaktoren vorzugehen. Vielmehr sollte aus der Not eine Tugend gemacht und mit den Besonderheiten und Vorgaben eines spezifischen Standorts gearbeitet werden.

KLEIN- UND GROSSKLIMA Ob sommertrockener Osten Österreichs oder niederschlagsreicher Alpenrand – die klimatischen Gegebenheiten müssen wir akzeptieren. Im Bereich des Kleinklimas haben wir allerdings einen kleinen Gestaltungsspielraum. Ein Windschutz durch eine Hecke, ein trockener Bereich unter einem Vordach, ein Gartenteich oder eine Steinmauer können es durchaus beeinflussen. Die Beobachtung des spezifischen Kleinklimas in einem Garten bringt oft interessante Ergebnisse und bietet Möglichkeiten für eine angepasste Bepflanzung: Wo ist ein Windschutz nötig, wo sind die wärmsten Stellen im Garten oder wo bleibt der Schnee am längsten liegen?

Ein Gartenteich oder eine Steinmauer können das Mikroklima beeinflussen.

Auswahl des richtigen Saatguts

© R. Maximiliane/Shutterstock.com

Wenn nach der Untersuchung von Boden, Klima und Wiesen der näheren Umgebung feststeht, welcher Wiesentyp für den Garten geeignet erscheint, ist die Auswahl des richtigen Saatguts für das Gedeihen der Wiese entscheidend.

Saatgut aus dem Handel

Der Saatguthandel stellt sich leider nur zögerlich auf das Angebot von standortgemäßen Wiesenpflanzen ein. Sehr oft sind die angebotenen Mischungen ein wahlloses Kunterbunt an kurzlebigen Sommerblumen, die zwar kurzfristig hübsch anzusehen sind, aber bei Weitem keine Wiese entstehen lassen. Wer eine größere Wiesenfläche anlegen will, sollte sich an Fachleute wenden, die die richtige Samenmischung zusammenstellen.

Der Einkauf von Wiesenblumensaatgut – darauf sollten Sie achten!

- Das Saatgut sollte als heimisches Saatgut deklariert sein.
- Eine detaillierte Artenliste sollte angeführt werden.
- Der Anteil an einjährigen Sommerblumen wie Mohn, Ringelblume, Kornblume und Kornrade sollte möglichst gering sein.
- Das Saatgut sollte hauptsächlich Wildformen heimischer Wiesenpflanzen und keine Kulturformen enthalten.
- Das Mischungsverhältnis Blumen : Gräser muss angeführt sein. Ein hoher Blumen-Kräuter-Anteil (> 50 %) und ein niedriger Grasanteil (< 50 %) sind für Fett- und Feuchtwiesen optimal.
- Bei der Anlage von Magerwiesen sollte der Kräuteranteil besonders hoch sein (> 70 %). Dann werden die langsam keimenden Kräuter nicht gleich verdrängt.
- Dem Saatgut sollte kein Rot- oder Weißklee beigemischt sein.

© Böswirth & Thinschmidt

Bei der Auswahl des Saatguts muss man verschiedene Aspekte berücksichtigen.

Heumulchsaat, Heublumen oder Heudrusch sind Alternativen zum Saatgutkauf.

Saatgut von Spezialfirmen

Es gibt bereits Spezialfirmen, die einheimisches Wiesensaatgut gewinnen und bei der Anlage beraten (Adressen siehe Anhang, Seite 76). Wer dort Saatgut bestellt, sollte möglichst viele Informationen über Boden, Lage, Klima und besondere Wünsche (Raupenfutterpflanzen, Insektenweide etc.) angeben.

Alternativen für den Kauf von Saatgut

Heumulchsaat Eine andere Möglichkeit, die bei Landschaftsbegrünungen bereits erfolgreich angewendet wird, ist die Heumulchsaat. Falls Sie eine schöne Wiese in Ihrer Umgebung finden, pachten Sie eventuell ein Stück der Wiese, das in etwa so groß ist wie die Wiesenfläche, die Sie anlegen wollen. Für eine Magerwiese mit wenig Grünmasse sollte sie ungefähr doppelt bis dreifach so groß sein.

Mähen Sie ein Drittel der Fläche nach der Blühperiode einiger auffallender Wiesenblumen, aber bevor die Samen ausgefallen sind (wenn die Blütenstände beginnen, vertrocknet auszusehen). Ein bis zwei Wochen später mähen Sie ein weiteres Drittel und nach einiger Zeit die Restfläche. Das geschnittene Gras wird jeweils im feuchten Zustand (am besten in den Morgenstunden) auf der zukünftigen Wiese ausgebreitet. Der Boden sollte nicht vollständig bedeckt, die Mulchschicht nicht dicker als 1 bis 3 cm sein.

> **Tipp** Für Hangflächen eignet sich die Heumulchsaat besonders gut, da dort der Boden stark erosionsgefährdet ist. Die Mulchschicht verringert die Wirkung der Regentropfen und verhindert das Austrocknen. Somit kann auch der Wind nicht so leicht Schaden anrichten.

Verschiedene Mahdtermine sind deshalb notwendig, weil die Pflanzen zu unterschiedlichen Zeiten ausreifen. Auf diese Weise erfassen Sie die ganze Vielfalt der Wiese.

Die dünne Mulchschicht wirkt sich gut auf die Keimung aus und braucht auch nicht mehr entfernt zu werden. Da heißt es nur noch ein bisschen besprengen, falls es zu trocken ist, hoffen und schauen, was passiert. Die weitere Vorgangsweise ist dann genauso wie bei der herkömmlichen Einsaat.

SAATGUT AUS HEUBLUMEN Überall dort, wo Wiesen landwirtschaftlich genutzt und regelmäßige Heumahden durchgeführt wird, gibt es meistens auch einen Heuboden. Dort wird das Heu den Winter über gelagert. Im Frühling und Sommer, wenn sich der Heuboden nach und nach geleert hat, findet man auf dem Boden einen Rückstand aus kleinen Pflanzenteilen und Samen.

Dieser kann z. B. dem gekauften Saatgut oder der oben angeführten Heumulchsaat beigemischt werden. Heublumen enthalten jedoch hauptsächlich Gräser und Klee. Für eine blumenreiche Wiese ist es daher ratsam, Heublumen nur als Zusatz zum Wiesensaatgut zu verwenden.

SAATGUT AUS HEUDRUSCH Heudrusch ist eine Methode, die von Spezialfirmen für die Gewinnung von Saatgut angewandt wird. Dabei passiert nichts anderes als bei der Ernte von Getreide.

Das Wiesenheu wird gedroschen und die so gewonnenen Samen werden als Grundlage für eine Saatgutmischung verwendet. Meist wird der Heudrusch noch mit von Hand gesammeltem Wiesenpflanzen-Saatgut ergänzt und vermischt.

Säen und pflanzen

Im Garten, wo sich die Wiese schnell etablieren und bald etwas blühen soll, sind andere Methoden gefragt als z. B. bei der Begrünung von großen Flächen in der Landschaft. Im Garten ist daher durchaus eine Mischung aus Bepflanzung und Aussaat zu empfehlen.

Spezialfirmen (Adressen siehe Anhang, Seite 78) verkaufen Wildpflanzen, die für die Anlage von Wiesen geeignet sind. Bei der Pflanzung sollten Sie allerdings immer Gruppen von drei bis fünf Pflanzen und keine einzelnen Exemplare setzen.

Ein Wort zu den Kosten

Saatgut von heimischen Wiesen oder Wildpflanzen, die von Spezialfirmen angeboten werden, sind ein Produkt, das durch Handarbeit gewonnen wird und dessen Herstellung und standortgerechte Mischung viel Fachwissen erfordern. Das hat seinen Preis.

Billige Blumenwiesen-Mischungen aus dem Handel sind damit nicht zu vergleichen. Bedenkt man jedoch, wie viele Jahrhunderte es gedauert hat, bis sich die Wiesen unserer Kulturlandschaft etablieren konnten, dann ist es verständlich, dass wir ein möglichst naturnahes Ergebnis in unserem Garten nur dann erzielen können, wenn wir standortgerechtes Saatgut aus heimischen Wiesenpflanzen verwenden.

Deutsches Weidelgras, Rotschwingel, Wiesen-Rispengras und Rotes Straußgras (v. l. n. r.)

© Böswirth & Thinschmidt

Bodenvorbereitung

Sobald man ein wenig über Boden und regionale Pflanzenwelt Bescheid weiß und auch eine Saatgutquelle ausfindig gemacht hat, geht es an die Arbeit. Die weitere Vorgangsweise hängt vor allem davon ab, wo die Wiese angelegt werden soll und was dort vorher gewachsen ist. Generell sollte bereits bei der Bodenvorbereitung eine detaillierte Planung vorhanden sein: Kleine Hügel, Gräben oder Gehwege können jetzt angelegt werden.

Jede Geländemodellierung bringt Vielfalt und räumliches Erleben. Es muss aber auch von Anfang an die Pflege der Wiese berücksichtigt werden: Steile Hügel sind schwierig zu mähen, sanfte Wellen und Vertiefungen hingegen nicht. Auch Steine und Steinhaufen sind eventuell ein Hindernis und sollten in einem eigenen Teil, der nicht gemäht werden muss, platziert werden.

TIPP Es darf kein dichter Filz von ausläuferbildenden Ackerwildkräutern wie Giersch oder Quecke vorherrschen. In diesem Fall müssen die Wurzeln von Hand entfernt werden.

Offene Acker- oder Gartenböden

Kleine Flächen können durch händisches Umgraben, Harken bzw. Rechen, größere Flächen durch maschinelles Fräsen und anschließendes Eggen vorbereitet werden. Durch das Fräsen wird eine feine Bodenstruktur geschaffen. Selbst bei schweren Böden kann man danach die gröbsten Unebenheiten leicht mithilfe einer Schaufel ausgleichen.

Nach einem Neubau

Während oder nach einer Bauphase sind auf dem Grundstück meist verschiedene Erdhaufen zum Abtransport gelagert. Schauen Sie sich die Haufen eventuell etwas genauer an. Vielleicht hat der Bagger einen mageren Boden mit hohem Anteil an Sand, Kies und Steinen aus der Baugrube gefördert. Für die Anlage einer Magerwiese sind Kies und Schotter gut geeignet, um den nährstoffreichen Oberboden abzumagern. Lehmiger oder gar toniger Unterboden eignet sich hingegen für die Anlage von Feuchtwiesen, z. B. rund um einen Gartenteich.

Die Bodenvorbereitung ist das A und O für das gute Gedeihen einer Blumenwiese im Garten.

Ressourcen nutzen ❧ Es ist sinnvoll, die vorhandenen Ressourcen zu nutzen und mit dem Material, das durch den Neubau freigelegt wurde, einen individuellen Wiesentyp zu schaffen.

Die Erdhaufen müssen dann in einem weiteren Schritt gemischt, mit dem Bagger verteilt und so vorbereitet werden, dass die Oberfläche eine feinkrümelige Struktur aufweist. Magere, sandige Böden können durch Rechen und Harken vorbereitet werden, schwere Böden müssen meist nochmals gefräst werden.

Auf Grasland

Intensiv gepflegte Rasenflächen mit geschlossener Grasnarbe sind nur mit großem Aufwand in eine blumenreiche Wiese zu verwandeln. Es reicht keinesfalls, den Rasen einfach nicht mehr zu mähen. Denn bislang wurde der grüne Teppich hauptsächlich von schnittverträglichen Gräsern gebildet. Bleibt die Mahd aus, wachsen die Rasengräser zu einer grünen Wiese ohne Kräuter und Blumen.

Ein ausgewachsener Rasen entspricht in keiner Weise dem Bild einer Blumenwiese. Nur über einen sehr langen Zeitraum würden sich hier allmählich auch Kräuter und Blumen etablieren – sofern es in der Nachbarschaft bunte Wiesen gibt.

Grasnarbe umbrechen ❧ Soll eine Blumenwiese auf ehemaligen Rasen- oder anderen Graslandflächen angelegt werden, muss daher ein Umbruch der alten Narbe mit dem Pflug oder der Grünlandfräse erfolgen.

Dabei kommt es vor allem darauf an, genügend Feinboden (5 bis 10 cm) für die Keimung zu schaffen. In einer dichten Grasnarbe können keine Wiesenblumen keimen, sie benötigen dazu einen offenen Boden mit feinkrümeliger Struktur.

Will man nicht die ganze Fläche umbrechen, kann man kleine Wieseninseln schaffen. Hierfür entfernt man mit der Hand die Grasnarbe, lockert und harkt den Boden und sät Wiesenpflanzen oder setzt vorgezogene Pflanzen ein (was zu einem rascheren Erfolg führt). Mit der Zeit sollten sich die Wiesenblumen dann auch auf den Rest der Fläche ausbreiten (falls die Grasnarbe nicht zu dicht ist).

Unter Bäumen und Sträuchern

Volles Licht ist eine wichtige Lebensgrundlage für viele typische Wiesenpflanzen. Im dichten Schatten von Bäumen und Sträuchern wird man daher nur schwer einen zufriedenstellenden Erfolg mit einer Blumenwiese oder einer Rasenpflanzung erzielen.

Gräser und Kräuter des Waldunterwuchses gedeihen hingegen im Schatten gut. Unter Bäumen kann man sehr schöne Pflanzungen mit Frühlingsblühern schaffen. Die Auswahl der Pflanzen richtet sich nach dem Standort.

Schattenstandorte ❧ Generell kann man trockene, magere sowie feuchte, nährstoffreiche Schattenstandorte unterscheiden. In beiden Fällen sollte der Boden gelockert werden. Dort, wo flachwurzelnde Bäume, wie z. B. Fichten, ein dichtes Wurzelgeflecht nahe der Oberfläche bilden, fällt es den Pflanzen schwer, sich zu etablieren. In diesem Fall müsste man vom Stamm wegrücken.

Neben einer Hecke oder unter Obstbäumen ist es meist leicht, den Boden stellenweise zu lockern und eine feinkrümelige Oberfläche zu schaffen. Hier ist vor allem händisches Arbeiten angesagt, da man die Baumwurzeln mit Fräsen verletzen würde.

Wichtig ist es vor allem, die vorhandene Grasnarbe und etwaige unliebsame Wurzelunkräuter (z. B. Giersch) zu entfernen. Pflanzen mit leuchtenden, hellen Blüten, wie z. B. die hellgelben oder weißen Trompeten der Narzisse oder die hellgelben Kugeln der Trollblume, entfalten im Halbschatten eine besondere Wirkung. Sie sind zur Aufhellung dunkler Schattenecken besonders gut geeignet.

Aussaat und Pflege nach der Keimung

Der richtige Zeitpunkt ist für eine gute Keimung entscheidend. Die Aussaat ist von April bis September möglich, wobei in den Sommermonaten Juni, Juli und August keine besonders guten Bedingungen vorliegen. Für eine ständige Befeuchtung und eventuell auch Beschattung (durch eine leichte Mulchschicht) muss gesorgt werden. Von April bis Juni oder von August bis Anfang September sind die Bedingungen für eine schnelle Keimung am besten. Die optimale Keimtemperatur liegt meist zwischen 15 und 25 °C, ausreichende Bodenfeuchte vorausgesetzt. Herbstaussaaten bis Oktober stellen die Feuchtigkeitsversorgung beim Keimen sicher und erhöhen die Erfolgsrate.

Aussaatmengen

Die Aussaat darf nicht auf zu nassem, schmierigem, aber auch nicht auf ganz trockenem Boden erfolgen. Ein guter Zeitpunkt ist nach einem Regen bei windstillem Wetter gegeben. Kleinere Flächen können mit der Hand ausgesät werden. Die Empfehlungen bezüglich der Saatmenge gehen etwas auseinander. Zwischen 2 bis 4 g Saatgut werden für einen Quadratmeter empfohlen. Bei mageren Böden kann etwas weniger (1 bis 2 g) gesät werden, damit genug Licht an die Pflanzen gelangt. Von höheren Aussaatmengen ist eindringlich abzuraten, weil sonst die konkurrenzstarken Arten die schwächeren verdrängen. Die Samen sollten flach ausgebracht werden, da die meisten Wiesenpflanzen Licht zur Keimung benötigen.

Heublumen oder auch Heudrusch beinhalten nicht nur Samen, sondern auch viele Feinteile und abgestorbene Pflanzenreste. Daher müssen die Saatgutmengen darauf abgestimmt werden. Bei Heudrusch und Heublumen rechnet man deshalb mit ca. 40 g pro Quadratmeter.

> **TIPP** Einige Arten benötigen tiefere Temperaturen oder sogar Frost zur Keimung. Diese Samen werden bevorzugt erst im Herbst ausgebracht. Es ist daher zu empfehlen, nach einer schütteren Keimung im Frühjahr, im Herbst nochmals nachzusäen. Behalten Sie eine kleine Menge an Saatgut zwecks Nachsaat zurück.

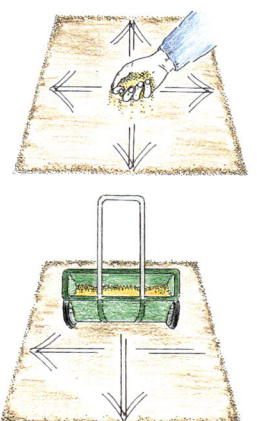

Das richtige Säen ist überaus wichtig.

Pflege der Einsaat

Es hat sich bewährt, das Saatgut mit etwas Sand oder Sägespänen zu vermischen. Dadurch wird es gleichmäßiger verteilt. Anschließend wird das Samen-Sand-Gemisch halbiert. Eine Hälfte wird längs, die andere quer gesät. Das Saatgut sollte in direkten Kontakt mit der Erde gelangen, nur dann können die Samen Feuchtigkeit aufnehmen und sich die kleinen Wurzeln etablieren.

Walzen und feucht halten

Die Einsaat sollte auf jeden Fall fest gewalzt werden. Das gleiche Ergebnis erzielt man, indem man sich Bretter an die Füße bindet und damit die Wiese abschreitet. Leichtgewichte werden bei dieser Arbeit bevorzugt, den Kindern macht das sicher Spaß. Kleine Flächen können nach der Einsaat gerecht und mit dem Rechen festgedrückt werden. Wichtig ist es auch, die Fläche bis zum Keimen der Samen (drei bis sechs Wochen) ständig feucht zu halten, ohne die Bodenoberfläche zu verschlämmen.

Nach der Keimung

Die frisch angesäte Wiese sollte man so wenig wie möglich betreten. Bei günstigen Bedingungen keimen die ersten Pflänzchen schon nach zwei Wochen. Ab jetzt wird es immer grüner. Meist treiben außer den erhofften Arten auch einige andere Wildkräuter aus, die nicht zu den Wiesenpflanzen zählen und deren Samen im Boden geschlummert haben.

Je nährstoffreicher die Fläche ist, desto eher muss mit der Konkurrenz verschiedener anderer Gartenwildkräuter gerechnet werden. Gänsedistel, Gänsefuß, Ampfer oder Fuchsschwanz wollen sich auch gerne auf der Wiese ausbreiten. Da heißt es mähen. Nach acht bis zehn Wochen, wenn der Aufwuchs ca. 10 cm hoch ist, empfiehlt sich der erste Pflegeschnitt (die verschiedenen Mahdmethoden siehe Seite 53). Ampfer und hartnäckige Wildkräuter sollte man mit den Wurzeln ausstechen. Den Pflegeschnitt sollte man je nach Wüchsigkeit im ersten Jahr zwei- bis dreimal wiederholen, vor allem im Frühjahr verhilft man so den langsam wachsenden Wiesenblumen zu einem guten Start und verhindert, dass sie durch andere Pflanzen unterdrückt werden.

Der Wiesengärtner braucht Geduld

Nun heißt es abwarten. Im ersten Jahr zeigt eine Wiese, die mit standortgerechtem Saatgut angelegt wurde, meist nicht viele Blumen. Das unterscheidet sie von den bunten Saatgutmischungen, die teilweise im Handel zu erwerben sind.

Diese Wiesenmischungen bestehen vor allem aus einjährigen Pflanzen, die zwar im ersten Jahr wunderbar bunt blühen, aber von Jahr zu Jahr eintöniger werden. Bei einer Wiese ist es genau umgekehrt: Sie wird mit den Jahren immer farbiger. Gut Ding braucht eben Weile!

EVENTUELL NACHSÄEN Außer der regelmäßigen Mahd (bei vermehrtem Aufkommen von Gartenwildkräutern etwas öfter) kann man nun nicht viel mehr tun, als gespannt die Entwicklung der Wiese zu verfolgen. Wenn im Frühjahr gesät wurde, sollte im Herbst an lückenhaften Stellen nachgesät werden. Wenn im Herbst gesät wurde, dann wird im nächsten Frühjahr nachgesät. Im zweiten Jahr nimmt dann die Wiese langsam Gestalt an.

Manche Wildpflanzen lassen sich sehr viel Zeit zum Keimen und es kann sogar mehrere Jahre dauern, bis die Samen aufgehen. Auch die Keimbedingungen unterscheiden sich bei den einzelnen Pflanzen stark. Es gibt Dunkel- und Lichtkeimer sowie Wärme- und Kältekeimer. Unterschiedliche Aussaattermine im Frühjahr und Herbst erhöhen daher die Artenvielfalt.

Wiesenmahd

Regelmäßige Mahd gehört zur Erhaltung einer Wiese. Ohne Mahd wandern Büsche ein und die Wiese wird immer artenärmer. Für den Schnitt von höherem Gras sind Rasenmäher allerdings nicht mehr geeignet und es gilt zu entscheiden, wie man die Wiesenflächen mähen will.

Mahd mit der Sense

Kleine Wiesenflächen können mit der Sense gemäht werden. Eine Sense und ein Schleifstein reichen als Ausrüstung. Am Morgen, wenn die Wiese noch taunass ist, lässt sich der Schnitt am besten durchführen. Ungefähr alle 10 m muss die Sense geschliffen werden. Benachbarte Landwirte zeigen meist gerne die richtige Haltung beim Mähen (damit das Kreuz geschont wird) und helfen auch, die Sense einmal jährlich zu dengeln.

SCHONENDES MÄHEN Vieles spricht für die Mahd mit der Sense. Vor allem die Tierwelt wird dabei geschont, denn ein sehr großer Teil an Kleintieren kann den rotierenden Messern der Rasenmäher nicht ausweichen und wird vernichtet. Bei der Sense verhält es sich anders. Schmetterlingsraupen, Käfer oder Spinnen werden verschont. Ameisennester werden nicht in Mitleidenschaft gezogen. Der richtige Termin für die Wiesenmahd ist Ende Juni, wenn bereits ein Großteil der Kräuter und Blumen ausgesamt hat.

Sense versus Rasenmäher

Machen Sie sich doch einmal die Mühe des Vergleichs. Legen Sie einen kleinen Haufen frisch gemähter Gräser und Kräuter von der Sense und vom Rasenmäher auf ein Tuch. Dort, wo es krabbelt und lebt, war die Sense am Werk, während sich beim Rasenschnitt nichts rührt. Übrigens ist nicht nur die Artenarmut der Einheitsrasen, sondern auch die Vernichtung der Raupen durch den Rasenmäher ein Grund für das Ausbleiben der Schmetterlinge in den Gärten.

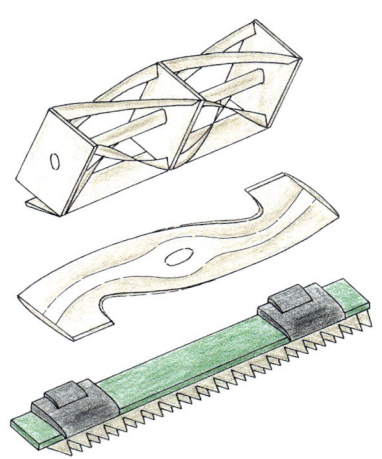

Mähtechniken im Vergleich: Spindelmäher (höchste Schnittqualität), Sichelmäher (ausreichende Schnittqualität), Balkenmäher (gute Schnittqualität)

Balkenmäher (oben) und Motorsense (unten)

TIPP Bei der Auswahl eines Mähers ist auf die Breite des Mähwerks zu achten. Zu breite Mäher sind im Hausgarten, wo man beim Mähen Büsche und Bäume umrunden muss, nicht anzuraten.

Entweder arbeitet man hier mit der Hand nach (Sense oder Kantenschere) oder man verwendet eine Motorsense. Je nach Stärke, ist die Motorsense zum Schneiden von Gras oder stärkeren Saumpflanzen geeignet. Ein rotierender Nylonfaden wirkt dabei als Schnittwerkzeug. Die Rinde von Bäumen und Sträuchern wird damit nicht verletzt. In der freien Fläche sind Schnittmesser von Vorteil, um Mikroplastik in Wiesenflächen zu vermeiden. Beim Kauf sollten Sie auf einen Teleskopstiel mit verstellbarem Griff und auf eine einstellbare Schnitthöhe Wert legen.

Balkenmäher

Für größere Wiesenflächen (etwa ab 1000 m^2) zahlt sich der Kauf eines Balkenmähers aus. Die Anschaffung eines Balkenmähers ist jedoch relativ kostspielig (ab etwa 700,– Euro). Balkenmäher sind sehr leistungsfähig und können auch bereits verdorrtes und trockenes Pflanzenmaterial leicht mähen.

Vor der Anschaffung sollten Sie sich aber auf jeden Fall erkundigen, ob vielleicht ein benachbarter Landwirt die Wiesenmahd übernehmen könnte.

Motorsense

Für kleine Wiesenflächen gibt es als Alternative zum Balkenmäher die Motorsense. Außerdem können manche Stellen an Zäunen, Beeträndern, entlang von Kantensteinen oder Hecken und an Baumscheiben mit dem Balkenmäher nicht erreicht werden.

Wohin mit dem Heu?

Nach der Mahd gibt es verschiedene Möglichkeiten, das Schnittgut zu verwerten. Ideal für die Erhaltung der Artenvielfalt ist die Heugewinnung. In diesem Fall wird das Schnittgut nach der Mahd für ein bis zwei Tage auf der Fläche getrocknet. Währenddessen wird es mehrmals mit einer Heugabel gewendet, damit es besser trocknet. Dabei können die Samen nachreifen und ausfallen.

Wichtig für die Heugewinnung ist die Wetterbeobachtung: Wer kurz vor einer längeren Regenperiode mäht, muss mit Schwierigkeiten

TIPP Für die Heugewinnung ist eine gute Heugabel mit drei Zinken und ein Heurechen zu empfehlen. So ausgerüstet geht die Arbeit zügig voran. Mithilfe von größeren Tüchern lässt sich das Heu auch transportieren.

Wann und wie oft sollte gemäht werden?

Hier ist vor allem eigene Beobachtung angesagt. Darüber hinaus sollte man Folgendes berücksichtigen:

- Die erste Mahd sollte erst dann durchgeführt werden, wenn ein Großteil der Kräuter und Blumen verblüht ist. Traditionell wird der erste Schnitt um die Sommersonnenwende (21. Juni) durchgeführt. Man kann sich an Margeritenwiesen orientieren: sind die ersten verblüht, ist es Zeit für den ersten Schnitt. Der zweite Schnitt Ende August ist nur bei Fettwiesen erforderlich. Mager- und Feuchtwiesen werden nur einmal im Jahr gemäht.

- Ideal ist es, einen Teil der Wiese als Rückzugsbereich für Lebewesen stehen zu lassen und etappenweise zu mähen.

- Abgestufte Pflege bringt Vielfalt: Kurzrasige Gehwege und regelmäßig gemähte Liegeflächen können mit mehrschnittigen (zwei- bis dreimaliges Mähen pro Jahr) und einschnittigen Wiesenteilen abwechseln. An den Rändern können Saumbereiche entstehen, die höchstens alle zwei Jahre gemäht werden.

TIPP Wer keine Verwertungsmöglichkeiten für das Heu findet, lässt es verrotten. Wenn möglich, sollte es gehäckselt und mit nährstoffreichen Abfällen aus der Küche vermischt werden. Auf diese Weise entsteht mit der Zeit ein guter Kompost, der im Garten wieder Verwendung finden kann.

rechnen. Ideal sind zwei bis drei Sonnentage. Wenn das Heu raschelt und keine frischen grünen Teile mehr zu sehen sind, ist es trocken. Das getrocknete Schnittgut ist wesentlich leichter und kann außerdem für verschiedene Zwecke verwendet werden.

Wiesenheu zum Basteln und Spielen

Für das Wiesenheu gibt es kreative Verwertungsmöglichkeiten: Wer Kinder hat, könnte ihnen in einem regengeschützten Teil des Gartens ein Heubett einrichten, es eignet sich herrlich zum Toben und Spielen. Auch Hamster, Kaninchen oder Meerschweinchen profitieren vom eigenen Heu, es kann als Einstreu und als Futter verwendet werden. Mit Heu lässt sich aber auch basteln: Puppen oder Vogelscheuchen können mit Heu ausgestopft werden. Auch Reitställe oder Landwirte übernehmen gerne kleine Heulieferungen.

ALS MULCHMATERIAL für Staudenbeete oder unter Sträuchern ist das Heu nur geeignet, wenn es klein geschnitten wird. Die langen Halme verrotten nur langsam und entziehen dem Boden dabei Nährstoffe. Außerdem muss man damit rechnen, dass mit dem Heu auch viele Samen eingebracht werden.

Das Basteln von Blumenschmuck kommt bei Kindern immer gut an.

WIESENMAHD

Spezielle Wiesentypen anlegen

Blumenwiesen können auch spezielle Aufgaben erfüllen. Bei der Ansaat oder Auspflanzung können besondere Schwerpunkte gesetzt oder Wünsche erfüllt werden. Frühlingsblumen, Futterpflanzen für Schmetterlinge, Saumpflanzen oder Pflanzen für schattige Randbereiche gehören ebenfalls in die große Gruppe der Wiesenpflanzen. Eine Narzissenwiese unter blühenden Obstbäumen ist ein einzigartiger Anblick und wer freut sich nicht, wenn neben den Blumen verschiedene Arten von Schmetterlingen seinen Garten bevölkern? Wer keinen Platz für die Anlage einer Blumenwiese hat, sollte zumindest über die Alternative eines Blumenrasens nachdenken. Denn natürlich kann es auch dort blühen, zirpen und summen.

Schmetterlingswiese

Im Unterschied zu einem Rasen gibt es in einer Wiese ein vielfältiges Angebot an Struktur, Nahrung und Versteckmöglichkeiten für Kleintiere. Die bodennahe Streuschicht ist von Regenwürmern, Ameisen, Schnecken, Asseln, Laufkäfern, Tausendfüßlern oder Insektenlarven belebt.

Die Blatt- und Stängelschicht beherbergt z. B. Heuschrecken, Zikaden, Spinnen, Blattkäfer, Wanzen, Schmetterlingsraupen und viele andere mehr. Die Blütenschicht hingegen lockt vor allem die fliegende Insektenwelt an: Schmetterlinge, Wildbienen, Hummeln, Raubfliegen, Bock- und Rosenkäfer oder Schwebfliegen zählen zu den Blütenbesuchern.

Auch bei einem Aufenthalt im Liegestuhl mitten auf der Wiese können wir so manche Tierbeobachtung machen. Am meisten freuen

So erkennen Sie den Insektenreichtum Ihrer Wiese

Ein einfaches Experiment kann uns einen kleinen Einblick in die enorme Insektenvielfalt einer Wiese geben. Dazu benötigen Sie einen gelben Teller oder einen gelb gefärbten Pappdeckel. Dieser wird an einem sonnigen Tag, wenn die Wiese in voller Blüte steht, aufgelegt. Im Verlauf einer Viertelstunde werden sich darauf eine Reihe von Käfern, Heuschrecken, Wanzen, Zikaden und Spinnen, aber auch andere Kleintiere einfinden. Auch manche Blütenbesucher werden von dem Teller angelockt: Schwebfliegen zeigen Schwebflüge in der Luft, Erdhummeln überfliegen im Zickzackflug den Teller und vielleicht landet sogar ein Schmetterling oder eine Wildbiene auf diesem überdimensionalen Landeplatz. Wenn Sie denselben Versuch auf einer Rasenfläche durchführen, werden Sie sicher einen großen Unterschied wahrnehmen.

Wiesen eignen sich besonders gut zur Beobachtung von Insekten.

wir uns an den gaukelnden Schmetterlingen, die von Blüte zu Blüte fliegen. Leider sind sie immer seltener anzutreffen. Schmetterlinge haben vielfältige Ansprüche an ihren Lebensraum: Erwachsene Falter brauchen Blüten zum Nektarsaugen; Raupen benötigen bestimmte Futterpflanzen, Puppen Versteckmöglichkeiten und Überwinterungsplätze.

Nachtfalter – exotisch und eindrucksvoll

Aber nicht nur Tagfalter, auch viele Nachtfalter sind auf blütenreiche Wiesen angewiesen. Oft werden sie nur wahrgenommen, wenn sie um Lampen oder andere Lichter im Garten kreisen und sich allzu oft dabei verletzen. Kaum jemand weiß, dass die eindrucksvollsten und buntesten Schmetterlinge zu den Nachtfaltern gehören. Wer schon einmal ein Ordensband oder einen Weinschwärmer gesehen hat, wird versuchen, auch ihnen wieder einen Lebensraum im Garten zu bieten.

Was brauchen Schmetterlinge zum Überleben?

In erster Linie benötigen sie blütenreiche Wiesen, die regelmäßig (ein- bis zweimal im Jahr) gemäht und kaum bzw. überhaupt nicht gedüngt werden. Da sich jede Schmetterlingsart im Raupenstadium nur von wenigen Pflanzenarten ernähren kann, bedeutet der Verlust ihrer Nahrungspflanze auf einer Wiese oder in einem bestimmten Gebiet, dass der Falter keine Möglichkeiten mehr hat zu überleben.

Falter und Raupen ~ Die erwachsenen Tiere nehmen mit ihrem Saugrüssel nur flüssige Nahrung auf, meist Blütennektar. Sie fliegen dazu eine Vielzahl verschiedener Blüten an und sind deswegen auch für deren Bestäubung wichtig. Einige Pflanzen mit tiefen Blütenkelchen können nur von Schmetterlingen bestäubt werden.

Die Raupen ernähren sich ganz anders als die Falter. Meist wird nach dem Schlüpfen zuerst der Rest des Eis gefressen. Danach fressen die Raupen der meisten Schmetterlingsarten Blätter, Nadeln, Blüten, Samen oder Früchte verschiedener Pflanzen, wobei viele Arten auf bestimmte Pflanzen spezialisiert und angewiesen sind. Fehlt eine bestimmte Pflanzenart, gehen damit auch viele Tierarten verloren.

Von der Raupe zum Schmetterling: Die Entwicklung des Schwalbenschwanz-Schmetterlings.

Bevorzugte Futterpflanzen der Schmetterlingsraupen

Trockene Wiesen

Echtes Labkraut	Taubenschwänzchen
	Labkrautschwärmer
Klee-Arten	Postillion
Wegerich-Arten	Scheckenfalter
Wilde Möhre	Schwalbenschwanz
Witwenblume	Hummelschwärmer
Wundklee	Zwergbläuling

Eher frischere, feuchte Standorte

Große Bibernelle	Schwalbenschwanz
Kuckuckslicht-Nelke	Kapseleule
Veilchen-Arten	Perlmuttfalter
Wiesen-Knöterich	Perlmuttfalter
Wiesen-Schaumkraut	Aurorafalter
Rispengräser	Schachbrettfalter
	Kleiner Heufalter
	Großes Ochsenauge

Frühlingswiese

©Marek Mierzejewski/Shutterstock.com

Wenn die ersten Frühlingsblüher, wie Schneeglöckchen oder Krokusse blühen, dann ist der Frühling tatsächlich nicht mehr weit. Sie vertreiben mit ihren leuchtenden Farben auch den letzten winterlichen Grauton aus dem Garten. Gerade nach einem langen Winter ist jede Gärtnerin und jeder Gärtner »hungrig« nach den ersten Blüten. Schon im Februar brechen die grünen Triebspitzen der Zwiebelpflanzen durch die Erde. Jeden Tag ragen sie wie aufrechte Speerspitzen ein wenig weiter heraus und bald erkennt man auch die Blütenknospe, allerdings noch fest umhüllt von einer schützenden Haut.

Frühlingsblüher im Garten

Wiesen und Kräuter-/Rasenflächen sind ideale Standorte für Frühlingsblüher, auch unter Obstbäumen oder am Rand einer Hecke fühlen sie sich wohl. Botanische Krokusse, Blausternchen, Anemonen, Schneeglöckchen oder Winterlinge verbreiten sich auf geeignetem Standort und bilden nach einigen Jahren überaus farbenfrohe Frühlingsteppiche.

FRÜHLINGSERWACHEN ~ Frühlingsblüher (Geophyten) haben einen eigenen Lebensrhythmus, der sie von anderen Pflanzen unterscheidet.

Sie nützen das Licht des Frühlings, um zu blühen und Samen zu verbreiten. Im Frühsommer ziehen sie sich wieder unter die Erde zurück, nicht ohne vorher mit ihren Blättern genügend Nährstoffe zu erzeugen, die sie dann in den Zwiebeln oder Rhizomen einlagern. Den Sommer überdauern sie ruhend. Im Herbst nehmen die Wurzeln wieder Wasser auf und während des Winters bereiten Sie sich bereits auf das kommende Frühjahr vor.

©GartenAkademie.com

Viele Frühlingsblüher verwildern und bilden mit der Zeit dicke Teppiche.

Weinberg-Tulpe

Die Weinberg-Tulpe ist eine der wenigen Tulpen, deren Blüte duftet. Früher entdeckte man sie relativ häufig in Weinbergen. Heute wächst diese Wildtulpe in Mittel- und Südeuropa nur noch an wenigen Stellen. Sie benötigt vor allem basenreiche Lehm- oder Kalksteinböden und lichten Schatten. Im Garten fällt sie durch ihre strahlend gelbe Farbe und den offenen Kelch auf.

Narzissen für Säume und Heckenränder

Narzissen werden oft in Beete gepflanzt, doch sie eignen sich auch für Wiesen und Randbereiche, die spät gemäht werden. Vor einer Hecke oder entlang eines Saumes können sie sich ungestört entfalten.

Es gibt viele unterschiedliche Sorten, so dass die Wahl der passenden Pflanzen oft schwierig ist. Die milchweißen, duftenden Sternblüten der Dichternarzissen erscheinen aber erst gegen Ende Mai. Sie eignen sich besonders für Wiesen und Randzonen. Die gelb blühenden Osterglocken hingegen zeigen sich meist schon ab April und passen ebenfalls in Wiesenflächen. Viele der kleinkronigen Narzissensorten blühen sogar bereits ab März.

Wann und wie werden Zwiebelpflanzen gepflanzt?

Bereits im Herbst sollten Sie Ihre Garten-Frühlingsfreuden planen: Wo könnten strahlend weiße Narzissen blühen, oder sollten vielleicht einige Wildtulpen mit ihren sattgelben Köpfen in der Blumenwiese auftauchen? Von September bis Oktober – der Boden darf nicht gefroren sein – werden die Blumenzwiebeln gesetzt. Je nach Zwiebelgröße werden sie ca. dreimal so tief wie die Zwiebel hoch ist eingegraben. Dazu verwendet man einen Zwiebelstecher oder einen Spaten. Man hebt ein Stück Wiese ab, legt die Zwiebeln hinein und tritt den Ziegel dann wieder fest. Dank ihrer spitzen Blätter können sich die Frühlingsblüher auch durch eine dichte Grasnarbe arbeiten.

Schachbrettblume für feuchte Bereiche

Die Schachbrettblume gedeiht in Österreich nur mehr selten. Sie benötigt magere, feuchte Standorte, die auch im Sommer nicht zu sehr austrock-

Die Weinberg-Tulpe *(Tulipa sylvestris)* benötigt basenreiche Lehm- oder Kalksteinböden.

nen. Unter einem großen Strauch, wo der Boden ein wenig feucht ist, gehört sie zu den attraktivsten Frühlingsboten. Wenn ihr der Standort behagt, vermehrt sie sich auch.

Standorte für Frühlingsblüher

Viele Arten bevorzugen lichten Schatten unter Gehölzen. Da manche Frühlingsblüher aus der Mittelmeerregion stammen, gedeihen sie daher auch in einem trockenen Steingarten oder in sonnigen Magerwiesen auf sandigem Boden (siehe nebenstehende Tabelle). Am besten entfalten Frühlingsblüher ihre Wirkung in naturnahen Pflanzungen, wenn sie wild verstreut in der Wiesenfläche auftauchen.

Für Fett- und Feuchtwiesen eignen sich besonders Narzisse, Krokus, Schachbrettblume und Wildtulpe. Für Magerwiesen sind beispielsweise Traubenhyazinthe, verschiedene Laucharten, Buschwindröschen oder kleine Sorten von Narzissen zu empfehlen.

Im feuchten Schatten von Gehölzen vermehren sich unter anderen Schneeglöckchen, Frühlingsknotenblume, Narzisse, Bärlauch, Blausternchen, Gelbstern, Winterling oder Feigwurz. In trockenen Bereichen gedeihen Lerchensporn, Leberblümchen, Buschwindröschen oder Waldmeister.

RICHTIGE ZWIEBELPFLEGE ~ Für alle Zwiebelpflanzen gilt, dass sie ihre Blätter in Ruhe einziehen möchten. Auf diese Weise lagern sie Nährstoffe in ihre unterirdischen Speicherorgane ein und sammeln genug Reserven, um im nächsten Jahr wieder neu auszutreiben.

Mäht oder schneidet man die Blätter frühzeitig, kann das einen neuerlichen Austrieb verhindern. Rasenflächen, die bereits ab Mai gemäht werden, eignen sich nur dann für die Pflanzung von Frühlingsblühern, wenn die erste Mahd so lange hinausgezögert wird, dass die Zwiebeln in Ruhe einziehen können. Erst wenn die Blätter langsam braun werden und vergilben, kann gemäht werden.

Standortansprüche von Frühlingsblühern, die zum Verwildern geeignet sind

Blausternchen
humusreicher Boden im Schatten unter Gehölzen, es gibt verschiedene Arten, *Scilla siberica* eignet sich gut zum Verwildern

Buschwindröschen
unter Gehölzen oder in halbschattigen Gartenbereichen, vermehrt sich, toleriert auch trockene Standorte

Dichter-Narzisse
für Fettwiesen, die spät gemäht werden, duftend und langlebig

Frühlingsknotenblume
benötigt feuchte Standorte und Gehölzschatten, ist auch in höheren Lagen verbreitet

Krokus
Fettwiese, sonnige Rabatte, Rasen, früh blühende, duftende Wildkrokusse (oder botanische Krokusse) vermehren sich

Schneeglöckchen
humose, halbschattige Standorte am Gehölzrand

Schachbrettblume
eine Besonderheit für feuchte Wiesen

Weinberg-Tulpe
eine duftende Tulpe für magere und nährstoffreiche Wiesenflächen

Winterling
bildet rasch größere Kolonien (*Eranthis cilicica*) ist sonnenhungrig und liebt Sommertrockenheit

© Alexander Dolonsky/Shutterstock.com

Blumenrasen – eine Alternative

Ein gepflegter Rasen sollte aus möglichst wenigen Grasarten bestehen, die den häufigen Schnitt vertragen und sich dicht bestocken. Das ist aber meist nur mit reichlich Düngegaben und Beregnung möglich. Bleibt dies aus, ermüden Gräser mit der Zeit.

Außerdem bildet sich sehr häufig eine Filzschicht. Darunter stirbt der Rasen langsam ab, weil er zu wenig Luft, Licht und Wasser bekommt. Die Folge davon ist, dass häufig, meist sogar mehrmals im Jahr, vertikutiert werden muss (dabei wird der Rasenfilz mit Messern aufgerissen).

Schwierige Moosbekämpfung

Ein weiterer Feind des gepflegten Rasens ist das Moos. Moosvorkommen zeigen, dass die Bedingungen für die anspruchsvollen Rasengräser nicht ideal sind (zu viel Schatten, zu tiefes Mähen und verletzte Wurzeln, zu viel Filz, Staunässe).

Übrigens: Moos ist nicht gleich Moos. Es gibt viele verschiedene Moose, die im Rasen vorkommen können, daher ist die Moosbekämpfung oft schwierig. Alles in allem ist ein perfekter Rasen eine schwierige Aufgabe und bedeutet sehr viel Aufwand.

Mit und nicht gegen die Natur

Warum das Ganze nicht etwas lockerer nehmen und einen Blumenrasen entstehen lassen? Ein Blumenrasen ist eine Alternative zum gängigen Einheitsrasen. Dabei geht es hauptsächlich darum, der Natur eine Chance zu geben.

Entspannt zurücklehnen

Ein Blumenrasen sollte nicht mehr gedüngt werden, dann kann sich mit der Zeit eine angepasste Pflanzengemeinschaft entwickeln, die nicht künstlich am Leben erhalten wird. Damit wird auch die Beregnung nicht mehr notwendig sein (wenn überhaupt, dann sollte ein Blumenrasen mit Regenwasser gegossen werden).

Herbizide sind natürlich auch fehl am Platz, denn damit zerstört man alles, was an natürlicher Vielfalt entstehen könnte. Gerade die

Bald werden aus den Raupen Schmetterlinge – in diesem Fall Tagpfauenaugen.

sogenannten Rasenunkräuter sind es, die unschöne Lücken füllen und den Rasen mit Farbtupfern auflockern.

ARTENREICHTUM ∽ Dafür kann sich mit der Zeit eine an den häufigen Schnitt gut angepasste Pflanzengemeinschaft entwickeln, die wesentlich artenreicher sein wird als ein gedüngter und mit Herbiziden behandelter Rasen. Löwenzahn und Gänseblümchen sind sicher die ersten, die den Blumenrasen zieren. Verschiedene Klee-Arten (Weißklee, Hopfenklee oder Hornklee) können sich ebenfalls in Rasen halten. So werden z. B. Bienen angelockt.

Blütenpflanzen für den Blumenrasen

In manchen Gegenden sind auf feuchteren Böden die Rasen im Frühling von Wiesen-Schaumkraut überzogen. Eine ganz besonders hübsche Pflanze, die ebenfalls einem besonders hübschen Schmetterling (Aurorafalter) als Raupenfutter dient. Auch einige Ehrenpreis-Arten kommen in gut mit Wasser versorgten Rasen vor. Sie sind mit ihren vielen hellblauen Blüten eine wahre Zierde. Braunelle und Gundelrebe können sich ebenfalls in etwas feuchteren Rasen ausbreiten. Beide Arten sind essbar und werden auch von Insekten besucht. Lässt man die Natur ein wenig gewähren, dann gibt es auch bald einiges zu beobachten. Ein Blumenrasen sollte alle drei bis vier Wochen gemäht werden, wobei es die Vielfalt fördert, wenn blütenreiche Inseln stehen bleiben.

Thymian- und Kamillenrasen

Wer nur kleine Rasenflächen, z. B. neben einer Terrasse oder entlang eines Weges anlegen möchte, kann gleich Blütenteppiche als Rasenersatz pflanzen. Thymian bildet eine dichte Bodendecke, die auch betreten werden kann. Der Boden muss in diesem Fall möglichst mager und sandig, die Lage sollte absolut sonnig und trocken sein.

Geeignet sind verschiedene Thymian-Arten, vor allem aber Sand-Thymian (*Thymus serpyllum*). Die Fläche erfreut nicht nur mit Blüten, sondern auch mit starkem Duft und man erspart sich das Mähen. Ab und zu muss gejätet werden, denn die Thymianpolster werden auch von anderen Pflanzen besiedelt.

LEICHTES VERMEHREN ∽ Auch die nicht blühende immergrüne Römische Kamille (*Chamaemelum nobile* 'Treneague' bzw. 'Treneaque'), passenderweise auch Laufkamille genannt, bildet mit der Zeit einen dichten Teppich, in dem Unkraut keine Chance mehr hat. Die Jungpflanzen lassen sich durch Aussaat oder mittels Ableger leicht vermehren. Mähen oder gelegentliches Schneiden mit der Heckenschere vertragen die Pflanzen ebenso wie den Betritt.

SONNE UND WASSER ∽ Für einen Kamillenrasen benötigt man einen sonnigen Standort mit leichter, wasserdurchlässiger Erde. Im Frühjahr sollte der Boden wie für einen normalen Rasen vorbereitet werden. Dann setzt man die jungen, buschig wachsenden Pflanzen etwa in einem Abstand von 10 bis 15 cm (10 bis 20 Stück pro Quadratmeter) und gießt sie bis zum Anwachsen regelmäßig. Römische Kamille verträgt Trockenheit nicht so gut wie Thymian.

Artenvielfalt kann sich nur entwickeln, wenn auf chemisch-synthetische Pflanzenschutzmittel verzichtet wird.

© Shutova Elena/Shutterstock.com

Säume und Randbereiche

Säume werden im Allgemeinen als gras- und kräuterreiche Streifen entlang von Ackerschlägen, Wiesen, Weiden, Wegen, Bächen, Gräben und Gehölzen definiert. In vielen Ackerbaugebieten prägen Säume den Charakter der Landschaften. Sie bilden ein ökologisch wichtiges Netz, das entscheidend zur Förderung und Erhaltung der Artenvielfalt beiträgt. Im Gegensatz zu Brachen sind Säume botanische Dauergesellschaften. In der Kulturlandschaft sind gerade diese Zonen besonders artenreich ausgeprägt. Ein Heckensaum, ein Waldmantel oder ein Feldrain weist Arten der Wiesen, aber auch Arten des angrenzenden Lebensraumes auf.

Säume im Garten

Überall dort, wo die Wiese im Garten an andere Strukturen wie Hecken, Zäune oder Strauchgruppen angrenzt, entstehen Übergangsbereiche. Bei der Neuanlage von Wiesen kann man diese Strukturen bewusst fördern, indem man einerseits besondere Saumpflanzen einsät und andererseits die Pflege reduziert. Auf diese Weise werden Ruhezonen und Rückzugsmöglichkeiten für verschiedene Tiere wie Tagfalter, Heuschrecken u. v. a. geschaffen.

Pflege von Säumen

Es ist ausreichend, wenn Säume alle zwei Jahre gemäht werden. Manche Saumpflanzen bieten den ganzen Winter mit den von Reif überzogenen Samenständen nicht nur einen hübschen Anblick, sie dienen auch verschiedensten Insekten als Winterquartier. Bei der Auswahl der Pflanzen für Säume sollte man sich von Fachleuten beraten lassen. Wichtig ist die Unterscheidung von schattigen, eher feuchten und trockenen Säumen.

Pflanzen für trockene, sonnige Säume

Flockenblumen-Arten (*Centaurea* spp.)
Gelber Steinklee (*Melilotus officinalis*)
Hundszunge (*Cynoglossum officinale*)
Moschusmalve (*Malva moschata*)
Natternkopf (*Echium vulgare*)
Odermenning (*Agrimonia eupatoria*)
Rainfarn (*Tanacetum vulgare*)
Thüringer Strauchpappel (*Lavathera thuringiaca*)
Wegwarte (*Cychorium intybus*)
Wilder Majoran (*Origanum vulgare*)

Pflanzen für feuchte, schattige Säume

Baldrian (*Valeriana officinalis*)
Beinwell (*Symphytum officinale*)
Gilbweiderich (*Lysimachia vulgaris*)
Mädesüß (*Filipendula umlaria*)
Storchschnabel-Arten (*Geranium* sp.)
Wald-Engelwurz (*Angelica sylvestris*)
Weidenröschen (*Epilobium* sp.)

Wiesenpflanzen für die Küche

Eine Wiese ist nicht nur schön anzusehen, sie ist auch nützlich. Sie beherbergt viele Pflanzen, die in der Küche oder zu Heilzwecken verwendet werden können. Im eigenen Garten, wo keine Spritzmittel zum Einsatz gelangen und nicht gedüngt wird, ist das Sammeln von Wildkräutern unproblematisch und einfach. Ein Grund mehr, bei der Planung der Wiese auch diese Form der Nutzung zu erwägen. Im Folgenden ein kleiner Einstieg in die Wiesenküche mit praktischen Tipps sowie schmackhaften und gesunden Rezepten, die im Handumdrehen zuzubereiten sind.

Wildkräutertees

©natalia bulatova/Shutterstock.com

Einige Wiesenpflanzen eignen sich hervorragend zur Bereitung heilsamer und wohlschmeckender Tees. Alle Blatt- und Blütenkräuter sollten bei zunehmendem Mond gesammelt werden. Die Mittagszeit oder der frühe Nachmittag an einem sonnigen Tag sind für das Sammeln am besten geeignet, weil dann die Blätter und Blüten trocken sind und der Gehalt an ätherischem Öl am größten ist.

Trocknen

Kräuter sollen möglichst kurz und schonend getrocknet werden. Trocknen Sie kleinere Mengen im Backrohr bei etwa 30 °C und leicht geöffneter Tür, so dass die Feuchtigkeit entweichen kann. Bei größeren Mengen bietet ein luftiger, dunkler Ort (z. B. Dachboden) die idealen Bedingungen. Dort werden die Blätter (mit Stielen) oder Blüten auf einem Tuch ausgebreitet und täglich gewendet. Wenn nach einigen Tagen die Kräuter bei Berührung zu rascheln beginnen, ist der Vorgang abgeschlossen. Danach füllen Sie die getrockneten Pflanzen möglichst in Papier- oder Stoffsäcke. Beschriften nicht vergessen!

TIPP Mit Teekräutern sollte man keine Langzeitbehandlung durchführen. Konsumieren Sie Heilkräutertees nicht länger als über einen Zeitraum von drei Wochen, da alle Inhaltsstoffe auch unangenehme Nebenwirkungen entfalten können.

Das Trocknen der Kräuter sollte kurz und schonend erfolgen.

Aufbewahrung

Dosen und Gläser schließen luftdicht ab und eignen sich daher nicht so gut zur Aufbewahrung der Kräuter. Auf alle Fälle sollen sie dunkel gelagert werden, da sie unter Lichteinwirkung wertvolle Inhaltsstoffe abbauen.

Dosierung

Heilpflanzen sind keine chemisch zusammengesetzten Produkte, sondern Lebewesen. Ihre Inhaltsstoffe sind starken Schwankungen unterworfen, die von genetischen Eigenschaften (wie z. B. Sorte, Rasse), Standort, Wetter, Erntezeitpunkt, Lagerung und Verarbeitung abhängen. Eine punktgenaue Angabe zur Dosierung ist daher unmöglich.

Tipps zum Sammeln von Wildkräutern

- Sammeln Sie nur Pflanzen, die Sie kennen. Auch bei den Wiesenpflanzen gibt es giftige und unverträgliche Vertreter.

- Sammelt man mit Kindern, muss man sie genau beobachten und ihnen deutlich machen, dass sie nur essen dürfen, was gemeinsam begutachtet wurde.

- Für die Küche und für Heilzwecke sollten nur gesunde Pflanzen geerntet werden.

- Beim Sammeln ist ein sorgsamer Umgang mit der Natur Bedingung. Reißen Sie nicht alles aus und ernten Sie nicht alle Blätter und Blüten. Viele Insekten sind auf Wiesenpflanzen als Nahrungsquelle angewiesen.

- Junge Blätter sind für die Küchennutzung besser geeignet als ältere, die oft schon bitter schmecken können.

- Manche Wiesenpflanzen sind vom Aussterben bedroht. Schauen Sie deshalb genau – vielleicht mithilfe eines Wildkräuterbuches –, was Sie pflücken.

- Die gesammelten Pflanzen sollten je nach weiterer Verwendung in Plastiksackerln für die sofortige Verwendung transportiert und in Stoffsäcken, Körben oder Kisten aufbewahrt werden.

Morgentee

Dieser Tee aus frischen Kräutern ist eine Besonderheit während der Sommermonate. Bei einem Gang durch die Wiese werden Blüten und Blätter von Teekräutern, wie z. B. Thymian, Schafgarbe, Echtes Labkraut, Wiesen-Klee, Frauenmantel, Gänseblümchen und Löwenzahn gesammelt. Auch einige Himbeerblätter sind als Teezutat geeignet. Achtung: Die frischen Kräuter schmecken besonders intensiv!

Zubereitung

Eine Handvoll frischer Kräuter ist ausreichend für eine Kanne Tee (4 bis 5 Tassen). Dann die Kräuter mit 1 l kochendem Wasser übergießen, 3 bis 5 Minuten ziehen lassen und abseihen.

Frühlingstee

Aus Blättern und Blüten von Gänseblümchen und Löwenzahn lässt sich ein kräftiger Frühlingstee herstellen. Löwenzahn aktiviert Leber, Niere und Bauchspeicheldrüse. Die Blätter und Blüten des Gänseblümchens wirken schleimlösend, adstringierend, blutreinigend, anregend und leicht schmerzstillend.

Zubereitung

Löwenzahnblätter vor der Blüte sammeln und trocknen. Blätter und Blüten des Gänseblümchens können frisch verwendet werden. Für eine Kanne Tee (4 bis 5 Tassen) 1 bis 2 gehäufte Teelöffel Löwenzahn mit 0,5 l Wasser kalt ansetzen und 15 Minuten ziehen lassen. 0,5 l Wasser hinzufügen und aufkochen lassen. 1 bis 2 Teelöffel Gänseblümchenblüten und -blätter dazugeben. Dann den Aufguss 10 Minuten ziehen lassen und abseihen.

Sonnentee

Dieses ausgesprochene Sommer-Getränk ist vor allem für Kinder geeignet. Der Tee wird nur mithilfe der Sonnenstrahlen und nicht mit kochendem Wasser zubereitet. Er schmeckt daher besonders mild.

Zubereitung
Diese Sommer-Erfrischung ist kinderleicht zuzubereiten. Einfach nach Belieben Blüten von Schafgarbe, Rotklee, Thymian oder Johanniskraut in einem durchsichtigen Glas Wasser einige Stunden an die Sonne stellen und erwärmen lassen – fertig!

Wohlfühltee

Aus Johanniskraut und Echtem Labkraut kann ein schmackhafter Tee gemischt werden, der sich vor allem auf Nerven und Stimmung positiv auswirkt.

Zubereitung
Für eine Kanne Tee (4 bis 5 Tassen) 2 bis 3 Teelöffel der getrockneten Kräuter (Blätter und Blüten) zu gleichen Teilen mischen und mit 1 l kochendem Wasser aufgießen. Der Tee sollte ungefähr 10 Minuten zugedeckt ziehen.

Auch mit frischen Zutaten lassen sich würzige Wiesenkräuter-Tees zaubern.

Bauchwehtee

Aus den Blättern und Blüten der Schafgarbe lässt sich ein Heiltee zubereiten, der eine ähnliche Wirkung wie Kamillentee hat: krampflösend, entzündungslindernd und magenberuhigend. Der Tee bringt auch bei Regelbeschwerden Erleichterung.

Zubereitung
Für eine Tasse Tee 1 Teelöffel mit getrockneten Schafgarbenblättern und -blüten mit 0,25 l kochendem Wasser übergießen und 10 bis 15 Minuten zugedeckt ziehen lassen.

Frauentee

Dieser Tee beruhigt, vertreibt hormonbedingte Anspannungen und ist auch in den Wechseljahren zu empfehlen.

Zubereitung
Für eine Kanne (4 bis 5 Tassen) 2 bis 3 Teelöffel einer getrockneten Kräutermischung aus Echtem Labkraut, Johanniskraut, Schafgarbe, Frauenmantel und Rotklee mit kochendem Wasser aufgießen und 5 bis 10 Minuten zugedeckt ziehen lassen.

Grippetee

Die getrockneten Blüten des Mädesüß sind durch die fiebersenkende und schmerzstillende Wirkung ein gutes Mittel gegen Fieber, Erkältung und Kopfweh.

Zubereitung
Die getrockneten Blüten von Mädesüß, Holunder und Linde zu gleichen Teilen mischen. Für eine Tasse Tee 1 Teelöffel der gemischten Kräuter mit 0,25 l kochendem Wasser aufgießen. Dann den Aufguss 5 bis 10 Minuten ziehen lassen. Der Blütenduft des Mädesüß verleiht dem Tee ein angenehmes Aroma.

Wildkräuterküche

Gänseblümchen

Die Blätter sind zart und knackig und eignen sich sehr gut für Salate, die man mit den Blütenköpfchen verzieren kann. Blätter und Blüten enthalten Gerbstoffe, Pflanzenschleime, Saponine und ätherische Öle.

Frühlingsaufstrich
Zutaten: 100 g Topfen (10 % Fettgehalt), etwas Milch, 50 g zerkleinerte Gänseblümchenblätter, Kümmel, Salz, Thymian, Paprikapulver, edelsüß

Topfen und wenig Milch sämig rühren. Mit den Gänseblümchenblättern sowie mit Kümmel, Salz, Thymian und Paprika nach Belieben würzen.

Gänseblümchen-Kapern in Essig
Zutaten: 200 g Blütenknospen, 300 ml Estragonessig, Prise Salz

Blütenknospen mit Estragonessig kurz aufkochen und noch warm zusammen mit einer Prise Salz in gut verschließbare Gläser abfüllen. Die »Kapern« sind schon nach wenigen Tagen fertig.

Löwenzahn

Die jungen Blätter eignen sich hervorragend für Salate und gehören zu den bekanntesten und beliebtesten Wildgemüsepflanzen. Aus der Mitte der Blattrosette kann man sie das ganze Jahr über ernten. Ältere Blätter sollte man unbedingt kochen, bevor man sie verzehrt.

Die Wurzel kann roh und gekocht gegessen werden. In Japan wird sie in Öl und Sojasauce gebraten. Die goldgelben Blüten kann man zur Verzierung von Salaten verwenden, die Knospen können roh zu Salaten gemischt oder wie Kapern in Essig einlegt werden.

> **TIPP** Die Blüten können außerdem für einen Sirup oder Blütenhonig verwendet werden. Ein spritziger Wein und ein intensiv gelb gefärbter Kräutertee lassen sich ebenfalls mit einfachen Mitteln herstellen.

Kräuteressig ist in Flaschen oder Gläsern abgefüllt hübsch anzusehen und würzig.

VIELE VITAMINE Die Blätter sind reich an Vitamin A (mehr als Karotten!), Vitamin C, B1, B2 und E. In der Wurzel finden sich Inulin (ein für Diabetiker geeigneter Zuckerstoff) und Gerbstoffe. Der Milchsaft enthält den Bitterstoff Taraxin. Blätter und Wurzeln dienen als Blutreinigungsmittel, das die Ausscheidung fördert, die Leber aktiviert und den gesamten Organismus kräftigt.

Löwenzahngelee
Zutaten: 500 g Löwenzahnblüten, 4 geschälte, zerkleinerte Zitronen, 1 geschälte, zerkleinerte Orange, 1 kg Gelierzucker, 1,5 l Wasser

Löwenzahnblüten mit Zitronen und Orange in einen großen Topf geben. Mit Wasser aufgießen und zugedeckt etwa eine Stunde auf kleiner Flamme köcheln lassen. Alles durch ein Sieb streichen, Gelierzucker unter den Saft rühren und nochmals 5 Minuten aufkochen lassen. Das Gelee in Gläser abfüllen und diese sofort verschließen.

Frühlingssalat
Löwenzahnblätter mit etwas Öl, Salz, Essig und geschnittenen Zwiebeln würzen. Eventuell ein gekochtes, klein gehacktes Ei und etwas Sauerrahm dazugeben.

Kohldistel

Alle Teile der Kohldistel sind verwendbar. Bevor sich der Blütenstand entwickelt, sind die Wurzeln besonders zart und können nach Belieben roh oder gekocht gegessen werden. Die jungen Blätter eignen sich hervorragend als Salatzugabe. Ältere Blätter können gekocht werden. Stängel und Mittelrippen werden wie Mangold verarbeitet. Die jungen zarten Stängel können geschält oder roh verwendet werden. Kurz vor der Blüte kann man den Blütenboden je nach Gusto roh oder gekocht zubereiten. Die Pflanze enthält Inulin, einen für Diabetiker verträglichen Zucker.

Die Kohldistel ist ein beliebtes Wildgemüse und ein begehrter Pollenspender.

Kohldistelauflauf (für 4 Personen)
Zutaten: 400 g Blätter, 4 Eier, 75 g Mehl, 2 TL Salz, 250 ml Milch, 100 g Käse

Blätter in Streifen schneiden, in kochendem Salzwasser blanchieren und abtropfen lassen. Eier und Mehl in einer Schüssel zu einem glatten Teig verrühren. Milch, Salz und 75 g Käse dazugeben. In der Auflaufform abwechselnd Teig und Blätter aufschichten. Auf die oberste Schicht den restlichen Käse streuen und bei 180 °C ungefähr 30 Minuten backen.

Gefüllte Tomaten mit Kohldistelblättern
(Vorspeise für 2 Personen)
Zutaten: 6 Tomaten, 200 g Blätter, etwas Butter, Salz, Pfeffer, evtl. 1 Ei

Tomaten aushöhlen. Blätter klein schneiden, in Butter schwenken und mit Salz und Pfeffer würzen. Tomaten damit füllen und im Ofen bei 120 °C 6 bis 8 Minuten backen. Eventuell die Tomaten mit einem verquirlten Ei bestreichen.

Wilde Möhre

Die Wurzel der Wilden Möhre ist im ersten Jahr gut zu verwenden. Sie schmeckt aromatischer als die Karotte. Roh in Scheiben geschnitten oder verkocht ist sie ein schmackhaftes Wildgemüse. Die Blüten sind eine Zierde für jeden Salat. Die Früchte ergeben ein hervorragendes Gewürz für Fruchtsalate, Saucen und Desserts.

APROPOS Die Wurzel enthält Zucker, Pektine und Vitamine (allerdings wenig Vitamin A). Die Früchte sind reich an ätherischen Ölen, regen den Organismus an und fördern ebenso die Verdauung.

Wilder Fruchtsalat
Zutaten: 100 g Früchte von der Wilden Möhre, Milch, Honig, Joghurt, Apfel-, Birnen- und Bananenscheiben

Früchte der Wilden Möhre leicht zerdrücken und mit Milch, Honig und Joghurt nach Belieben vermischen. Apfel-, Birnen- und Bananenscheiben dazugeben.

Wiesen-Bärenklau

Die jungen, gehackten Blätter des Bärenklaus eignen sich als Salatbeigabe. Voll ausgebildete Blätter sollten gekocht und können für Aufläufe, Quiches und Soufflés verwendet werden. Die Blütenknospen sind in Wasser gekocht oder über Dampf gegart eines der besten Wildgemüse. Die zerriebenen Flügelfrüchte verleihen Kartoffelgerichten eine angenehm milde Würze.

DIE WURZEL enthält ein ätherisches Öl, das anregend und blutdrucksenkend wirkt. Die im Bärenklau enthaltenen Furanocumarine können die Lichtempfindlichkeit der Haut verstärken und bei bloßer Berührung Hautreizungen hervorrufen. Diese Eigenschaft tritt verstärkt beim Riesenbärenklau (*Heracleum mantegazzianum*) auf.

Wiesen-Bärenklau-Auflauf (für 4 Personen)
Zutaten: 500 g Bärenklaublätter, 500 g festkochende Kartoffeln, 3 Zwiebeln, 1 Becher Crème fraîche, 100 g würziger Käse, 200 ml trockener Weißwein, Salz, Pfeffer

Bärenklaublätter mit Stängeln grob hacken und 20 Minuten in Wasser kochen. Kartoffeln weich kochen, schälen und dann in Scheiben schneiden. Zwiebeln klein hacken. In einer Auflaufform abwechselnd je eine Schicht Kartoffelscheiben, Zwiebeln, Bärenklaublätter und Crème fraîche geben und mit Salz und Pfeffer würzen. Die oberste Schicht mit würzigem Käse bestreuen, Weißwein und etwas Wasser darüber gießen, so dass alle Schichten damit benetzt sind. Bei 250 °C etwa 30 Minuten goldbraun backen.

Mädesüß

Blätter und Früchte des Mädesüß können zum Verfeinern von Getränken und Süßspeisen verwendet werden. Die duftenden Blüten verleihen Cremespeisen einen angenehmen Geschmack. Blüten stets mit Bedacht verwenden. Die Pflanze enthält Salicylsäure und wirkt entzündungshemmend, fiebersenkend und schmerzstillend.

Mädesüß-Erdbeercreme
Zutaten: 8 g Blüten, 100 ml Milch, 100 g Zucker, 450 g Joghurt, 500 g Erdbeeren

Blüten in Milch aufkochen, 5 Minuten zugedeckt ziehen lassen und abseihen. Zucker, Joghurt und Erdbeeren dazugeben.

Auch Säfte und Sirupe lassen sich aus Kräutern herstellen.

Wiesenpflanzen – eine Übersicht

Deutscher Name	Botanischer Name	Wiesentyp	Besonderheiten	Verwendung
Bärenklau	*Heracleum sphondylium*	Fettwiesen	Attraktive Wildstaude	Wildgemüse
Beinwell	*Symphytum officinale*	Hochstaudenfluren Feuchtwiesen	Attraktive Staude	Heilpflanze
Bienen-Kugeldistel	*Echinops sphaerocephalus*	Böschungen, Säume	Blüte für Hummeln und Bienen	Trockenblume
Blutweiderich	*Lythrum salicaria*	Feuchtwiesen	Attraktive Wildstaude	Heilpflanze
Blutwurz	*Potentilla erecta*	Feuchtwiesen, Weiden	Zierliche Wildstaude	Heilpflanze
Bunte Kronwicke	*Coronilla varia*	Magerwiesen	Kriechend-kletternde Wildstaude	Samen als Vogelfutter
Brauner Storchschnabel	*Geranium phaeum*	Säume und Schattenwiesen	Attraktive Wildstaude	–
Diptam	*Dictamnus albus*	Säume	Attraktive Wildstaude	
Echter Baldrian	*Valeriana officinalis*	Feuchtwiesen	Attraktive Wildstaude	Heilpflanze
Echter Dost	*Origanum vulgare*	Mager- und Fettwiesen	Wertvoller Pollenspender	Würzpflanze
Echter Odermenning	*Agrimonia eupatoria*	Magerwiesen und Säume	Attraktive Wildstaude	Heilpflanze
Echter Wundklee	*Anthyllis vulneraria*	Magerwiesen	Raupenfutterpflanze	Heilpflanze
Echtes Johanniskraut	*Hypericum perforatum*	Magerwiesen	Attraktive Wildstaude	Heilpflanze
Echtes Labkraut	*Galium verum*	Mager- und Fettwiesen	Honigduftende Blüten	Teepflanze
Färberginster	*Genista tinctoria*	Magerwiesen, Säume	Dichter Kleinstrauch	Färbepflanze
Färberkamille	*Anthemis tinctoria*	Magerwiesen	Attraktiver Dauerblüher	Färbepflanze
Feld-Thymian	*Thymus pulegioides*	Magerwiesen	Kleiner, kriechender Halbstrauch	Würz- und Heilpflanze
Gänseblümchen	*Bellis perennis*	Fettwiesen, Rasen	Blüht das ganze Jahr	Wildgemüse
Gemeine Kreuzblume	*Polygala vulgaris*	Magerwiesen	Zierliche Wildstaude	–
Gemeines Leinkraut	*Linaria vulgaris*	Magerwiesen	Zierliche Wildstaude	–
Gewöhnlicher Frauenmantel	*Alchemilla vulgaris*	Fettwiesen	Zierliche Wildstaude	Heilpflanze
Gewöhnliches Leimkraut	*Silene vulgaris*	Magerwiesen	Nachtfalter- Bienenblume	Wildgemüse
Giersch	*Aegopodium podagraria*	Gehölzrand unter Gehölzen	Bildet Kriechtriebe	Wildgemüse
Groß-Ehrenpreis	*Veronica teucrium*	Magerwiesen	Attraktive Wildstaude	–
Große Bibernelle	*Pimpinella major*	Fettwiesen	Nährstoffzeiger	Wildgemüse

Wiesenpflanzen – eine Übersicht

Deutscher Name	Botanischer Name	Wiesentyp	Besonderheiten	Verwendung
Großer Wiesenknopf	Sanguisorba officinalis	Feuchtwiesen	Schmetterlingsblume	Heilpflanze
Heidekraut	Calluna vulgaris	Heiden, saure Magerwiesen	Zwergstrauch	–
Heidenelke	Dianthus deltoides	Magerwiesen, auch saure Standorte	Schmetterlingsblume	–
Heilziest	Stachys officinalis	Feucht- und Magerwiesen	attraktive Wildstaude	Heilpflanze
Herbstzeitlose	Colchicum autumnale	Fett- und Feuchtwiesen	Giftpflanze	–
Hohe Schlüsselblume	Primula elatior	Fettwiesen	Frühlingsblüher	Heilpflanze
Hopfenklee	Medicago lupulina	Mager- und Fettwiesen	zierliche Wildstaude	–
Hornklee	Lotus corniculatus	Mager- und Fettwiesen	Pollenspender für Wildbienen	Futterpflanze
Kälberkropf	Chaerophyllum hirsutum	Fettwiesen	Doldenblütler	–
Kartäuser-Nelke	Dianthus carthusianorum	Magerwiesen	polsterbildende Staude	–
Kleine Bibernelle	Pimpinella saxifraga	Magerwiesen	zierliche Wildstaude	Wildgemüse
Kleine Braunelle	Prunella vulgaris	Fettwiesen, Weiden	zierliche Wildstaude	Heilpflanze
Kleiner Wiesenknopf	Sanguisorba minor	Magerwiesen	zierliche Wildstaude	Wildgemüse
Knäuel-Glockenblume	Campanula glomerata	Magerwiesen	attraktive Wildstaude	–
Kriech-Günsel	Ajuga reptans	Fettwiesen	bildet Ausläufer	Bodendecker
Kuckucks-Lichtnelke	Silene flos-cuculi	Feuchtwiesen	Schmetterlingsblume	–
Kreuz-Labkraut	Cruciata laevipes	Fettwiesen	zierliche Wildstaude	–
Löwenzahn	Taraxacum officinale	Fettwiesen	durch Düngung gefördert	Wildgemüse
Mädesüß	Filipendula ulmaria	Hochstaudenfluren Feuchtwiesen	auffallende Hochstaude	Würz- und Heilpflanze
Moschusmalve	Malva moschata	Mager- und Fettwiesen	attraktive Wildstaude	–
Natternkopf	Echium vulgare	Magerwiesen, Raine	attraktiver Dauerblüher	Wildgemüse
Pfirsich-Glockenblume	Campanula persicifolia	Säume und Heckenränder	wichtige Wildbienenpflanze	Wildgemüse
Prachtnelke	Dianthus superbus	Feuchtwiesen	Schmetterlingsblume	–
Quirl-Salbei	Salvia verticillata	Magerwiesen	attraktive Wildstaude	–
Rindsauge	Buphtalmum salicifolium	Magerwiesen	attraktive, gelbe Korbblüten	–
Ross-Minze	Mentha longifolia	Hochstaudenfluren Feuchtwiesen	schwach giftig	–

Wiesenpflanzen – eine Übersicht

Deutscher Name	Botanischer Name	Wiesentyp	Besonderheiten	Verwendung
Rotes Leimkraut	*Silene dioica*	Fettwiese, Feuchtwiese	Tagfalterblume	–
Rotklee	*Trifolium pratense*	Fettwiesen	Schmetterlingsblume	Futterpflanze
Sand-Thymian	*Thymus serpyllum*	Magerwiesen	kleiner, kriechender Halbstrauch	Würz- und Heilpflanze
Schafgarbe	*Achillea millefolium*	Mager- und Fettwiesen	attraktiver Dauerblüher	Heilpflanze
Scharfer Hahnenfuß	*Ranunculus acris*	Fett- und Feuchtwiesen	Giftpflanze	–
Schwarze Königskerze	*Verbascum nigrum*	Magerwiesen, Raine	attraktive Wildstaude	–
Silberdistel	*Carlina acaulis*	Magerweisen	Trockenblume, Wetterzeiger	Wildgemüse
Skabiosen-Flockenblume	*Centaurea scabiosa*	Magerwiese	attraktiver Dauerblüher	–
Spitzwegerich	*Plantago lanceolata*	Mager- und Fettwiesen	zierliche Wildstaude	Heilpflanze
Steppensalbei	*Salvia nemorosa*	Magerwiesen	attraktive Wildstaude	–
Sumpf-Dotterblume	*Caltha palustris*	Feuchtwiesen, Gräben Ufer	attraktive Wildstaude	–
Sterndolde	*Astrantia major*	Bergwiesen	attraktive Wildstaude	–
Vogelwicke	*Vicia cracca*	Mager- und Fettwiesen	Kletterstaude	Futterpflanze
Wald-Storchschnabel	*Geranium sylvaticum*	Bergfettwiesen	attraktive Wildstaude	–
Wegwarte	*Cichorium intybus*	Wegränder, Raine	attraktive Wildstaude	Wurzel als Kaffee-Ersatz
Weissklee	*Trifolium repens*	Fettwiesen, Rasen	Kriechstaude, bildet Ausläufer	Bienenweide
Wiesen-Augentrost	*Euphrasia officinalis*	Fettwiesen, Dauerweiden	Halbschmarotzer	Heilpflanze
Wiesen-Bocksbart	*Tragopogon pratensis*	Mager- und Fettwiesen	attraktive Wildstaude	Wildgemüse
Wiesen-Flockenblume	*Centaurea jacea*	Mager- und Fettwiesen	lange Blütezeit	–
Wiesen-Glockenblume	*Campanula patula*	Fettwiesen	wertvoller Pollenspender	–
Wiesen-Kerbel	*Anthriscus sylvestris*	Fettwiesen	Doldenblütler	Wildgemüse
Wiesen-Knöterich	*Polygonum bistorta*	Fett- und Feuchtwiesen	Schmetterlingsblume	Wildgemüse
Wiesen-Kümmel	*Carum carvi*	Fettwiesen	verbreitet im Berggebiet	Würz- und Heilpflanze
Wiesen-Labkraut	*Galium mollugo*	Fett- und Feuchtweisen	kriechend-kletternde Wildstaude	–
Wiesen-Margerite	*Leucanthemum vulgare*	Mager- und Fettwiesen	attraktive Wildstaude	–
Wiesen-Pippau	*Crepis biennis*	Fettwiesen	hohe Wildstaude	Früchte als Vogelfutter

Wiesenpflanzen – eine Übersicht

Deutscher Name	Botanischer Name	Wiesentyp	Besonderheiten	Verwendung
Wiesen-Salbei	*Salvia pratensis*	Magerwiesen	attraktive Wildstaude	Würzpflanze
Wiesen-Schaumkraut	*Cardamine pratensis*	Fett- und Feuchtwiesen	Schmetterlingsblume	Wildgemüse
Wiesen-Witwenblume	*Knautia arvensis*	Mager- und Fettwiesen	attraktive Wildstaude	–
Wilde Möhre	*Daucus carota*	Mager- und Fettwiesen	wertvoller Pollenspender	Samen als Vogelfutter
Zottiger Klappertopf	*Rhinanthus alectorolophus*	Mager- und Fettwiesen	Halbschmarotzer	–
Zottiges Weidenröschen	*Epilobium hirsutum*	Ufer- und Hochstaudenfluren	attraktive Wildstaude	–
Zweifarben-Sonnenröschen	*Helianthemum nummularium*	Magerwiesen kriechenden Trieben	kleiner Halbstrauch	–
Zypressenwolfsmilch	*Euphorbia cyparissias*	Magerwiesen	filigrane Wildstaude	–

Gräser

deutscher Name	lateinischer Name	Wiesentyp	Besonderheiten
Aufrechte Trespe	*Bromus erectus*	Magerwiesen	–
Glatthafer	*Arrhenatherum elatius*	Mager- und Fettwiesen	–
Goldhafer	*Trisetum flavescens*	Fettwiesen in höheren Lagen	–
Knaulgras	*Dactylis glomerata*	Fettwiesen	–
Pfeifengras	*Molinia caerulea*	Feuchtwiesen	–
Zittergras	*Briza media*	Magerwiesen	–

Frühlingsblüher

deutscher Name	lateinischer Name	Wiesentyp	Besonderheiten
Blausternchen	*Scilla siberica*	Mager- und Fettwiesen Rasen	–
Buschwindröschen	*Anemone nemorosa*	Magerwiesen unter Bäumen	–
Frühlingsknotenblume	*Leucojum verum*	Gehölzrand, Feuchtwiesen	–
Krokus	*Crocus* sp.	Mager- und Fettwiesen Rasen	–
Maiglöckchen	*Convallaria majalis*	Säume	Giftpflanze
Narzisse	*Narcissus* sp.	Mager- und Fettwiesen	–
Schachbrettblume	*Frittilaria meleagris*	Feuchtwiesen	–
Schneeglöckchen	*Galanthus nivalis*	Gehölzrand	–
Wildtulpe	*Tulipa sylvestris*	Mager- und Fettwiesen	–

Adressen

© LedyX/Shutterstock.com

Saat- und Pflanzgut von heimischen Wiesenpflanzen regionaler Herkunft

Saatgut aus Österreich:

- **BIOBAUMSCHULE OTTENBERG –** Regionale Gehölze und Wildstauden
Christian Rumplmayr
Loibingdorf 13
A-4621 Sipbachzell
Telefon: +43 (0)7240/20098 bzw.
+43 (0)650/6065169
E-Mail: christian.rumplmayr@aon.at

- **BLUMENSAAT KG –** Wildblumensamen
Ing. Erich Bangerl
Ungering 7
A-4760 Raab
Riedlhof 28
Telefon: +43 (0)676/821253900
Internet: www.blumensaat.at

- **INSTITUT HARTHEIM –** Regionale Wildpflanzen und Samen
Andreas Kerbler
Anton Strauchallee 1
A-4072 Alkoven
Telefon: +43 (0)7274/6536411 bzw.
+43 (0)664/5772526
E-Mail: gaertnerei@institut-hartheim.at

- **KÄRNTNER SAATBAU REG GENMBH –** Saatgutmischungen heimischer Wildpflanzen
DI (FH) Christian Tamegger
Kraßnigstr. 45
A-9020 Klagenfurt
Telefon: +43 (0)463/512208-0
Internet: www.saatbau.at

- **LEBERBLÜMCHEN –** Wiesenmischung für Graz und Umgebung
Leberstr. 8
A-8046 Stattegg
Telefon: +43 (0)650/7661668
E-Mail: wildblumensamenmischung@leberbluemchen.at
Internet: www.leberluemchen.at

- **NATURGARTEN –** Wildpflanzen und Samen
Martin Mikulitsch LABAU
Andreas Lechner-Str. 5
A-1140 Wien
Telefon: +43 (0)1/9791798
E-Mail: office@naturgarten.at

- **Rewisa –**
  Regionale Wildpflanzen und Samen
  E-Mail: vielfalt@rewisa-netzwerk.at
  Internet: www.rewisa.at

- **Voitsauer Wildblumensamen –**
  Standortgerechte Saatgutmischungen
  DI Karin Böhmer
  Voitsau 8
  A-3623 Kottes-Purk
  Telefon: +43 (0)2873/7306 bzw.
  +43 (0)664/73564316
  E-Mail: info@wildblumensaatgut.at
  Internet: www.wildblumensaatgut.at

Mag.ª Marianne Gütler
Khevenhüllerstraße 16
A-9800 Spittal
Telefon: +43 (0)664/25 34 511
E-Mail: marianne.guetler@gmx.at

Harald Schau
Römerstrasse 1E/4E
A-2424 Zurndorf
Telefon: +43 (0)664/3646712
E-Mail: hrld@kyosk.net

- **Wilde Blumen OG –**
  Regionale Wildpflanzen und Samen
  Puchheimer Str. 9
  A-4844 Regau
  Telefon: +43 (0)676/81429215
  E-Mail: office@wildeblumen.at
  Internet: www.wildeblumen.at

Saatgut aus Deutschland:

- **Heudrusch GmbH –**
  Regionale Saatgutübertragung heimischer Wildpflanzen
  Kybergstr. 38
  D-82041 Oberhaching
  Telefon: +49 (0)89/21586633
  E-Mail: mail@heudrusch.de
  Internet: www.heudrusch.de

- **Hof Berg-Garten –**
  Wildpflanzen und Samen
  Robert Schönfeld
  Lindenweg 17
  D-79737 Herrischried
  Telefon: +49 (0)7764/239
  E-Mail: info@hof-berggarten.de
  Internet: www.hof-berggarten.de

- **Rieger-Hofmann GmbH –**
  Saatgutmischungen heimischer Wildpflanzen
  In den Wildblumen 7
  D-74572 Blaufelden-Raboldshausen
  Telefon: +49 (0)7952/5682
  E-Mail: rieger-hofmann@t-online.de
  Internet: www.rieger-hofmann.de

- **Syringa –**
  Saatgutmischungen heimischer Wildpflanzen
  Dipl.Biol. Bernd Dittrich
  Bachstr. 7
  D-78247 Hilzingen-Binningen
  Telefon: +49 (0)7739/1452
  E-Mail: info@syringa-pflanzen.de
  Internet: www.syringa-samen.de

Saatgut aus der Schweiz:

- **Fenaco Genossenschaft UFA-Samen –**
  Saatgutmischungen heimischer Wildpflanzen
  Johannes Burri
  Postfach 344
  CH-8401 Winterthur
  Telefon: +41 (0)58/43376-34
  E-Mail: wildblumen@fenaco.com
  Internet: https://www.ufasamen.ch/de/wildblumen

Literaturempfehlungen

Aichele, Dietmar, Schwegle, Heinz-Werner (1998): Unsere Gräser. Süßgräser, Sauergräser, Binsen. Kosmos Verlag, Stuttgart.

Dietl, Walter, Jorquera, Manuel (2003): Wiesen- und Alpenpflanzen. Erkennen an den Blättern – Freuen an den Blüten. avBuch, Wien.

Godet, Jean-Denis (2003): Wiesenpflanzen. Haymarket Media, Hamburg, Braunschweig, Münster.

Müller, Theo, Lessig, Kurt H., (2003): Blumenwiesen. Eine Handreichung für Naturfreunde und Wanderer. Theiss Verlag, Stuttgart.

Wohlschläger, Josef (1996): Rasen und Blumenwiese. Eugen Ulmer Verlag, Stuttgart.

Bestimmungsbuch Wald- und Wiesenpflanzen (2002). Ludwig Verlag, München.

IMPRESSUM

Copyright © 2007 Cadmos Verlag GmbH, München
überarbeitete Neuauflage 2020
Gestaltung: Ravenstein R2, Verden (Aller)
Covergestaltung: Gerlinde Gröll, www.cadmos.de
Satz: Hantsch PrePress Services OG, www.druckvorstufe.at
Projektleitung und Lektorat: Ing. Barbara P. Meister MA, FachLektor.at
Coverfoto: © Shutterstock/pilipphoto
Illustrationen am Cover: Natur im Garten
Rückseite: © Shutterstock/Elenamiv, Holzer (Porträt)
Druck: Graspo CZ, a.s., Zlín, www.graspo.com

Deutsche Nationalbibliothek – CIP-Einheitsaufnahme
Deutsche Nationalbibliothek – CIP-Einheitsaufnahme
Die Deutsche Nationalbibliothek verzeichnet diese Publikation in der Deutschen Nationalbibliografie; detaillierte bibliographische Daten sind im Internet über http://dnb.ddb.de abrufbar.
Alle Rechte vorbehalten.
Abdruck oder Speicherung in elektronischen Medien nur nach vorheriger schriftlicher Genehmigung durch den Verlag.

Printed in EU

ISBN 978-3-8404-8122-2

Haftungsausschluss

Autorin und Verlag haben den Inhalt dieses Buches mit großer Sorgfalt und nach bestem Wissen und Gewissen zusammengestellt. Für eventuelle Schäden, die als Folge von Handlungen und/oder gefassten Beschlüssen aufgrund der gegebenen Informationen entstehen, kann dennoch keine Haftung übernommen werden.

HABEN SIE FRAGEN ZU BLUMENWIESEN ODER ZU ANDEREN FACHTHEMEN?

Pflegen Sie Ihren Garten ökologisch! Lassen Sie Ihren Naturgarten mit der „Natur im Garten" Plakette auszeichnen!

www.naturimgarten.at

Ihr Weg zur Plakette:

* Verzichten Sie auf chemisch-synthetische Dünger, chemisch-synthetische Pestizide und auf Torf.
* Naturgartenelemente und biologische Vielfalt sind vorhanden.

Nähere Informationen am „Natur im Garten" Telefon
+43 (0)2742/74 333 oder unter **www.naturimgarten.at**

Gemeinsam für ein gesundes Morgen.